开拓青少年眼界
的天下之奇丛书

KAITUO QINGSHAONIAN YANJIE DE
TIANXIA ZHIQI CONGSHU

世界上不可思议
的奇谜

本书编写组◎编

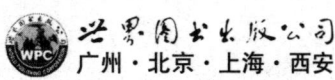

世界图书出版公司

广州·北京·上海·西安

图书在版编目（CIP）数据

世界上不可思议的奇谜／《世界上不可思议的奇谜
》编写组编．—广州：广东世界图书出版公司，2010.10（2024.2 重印）
ISBN 978－7－5100－2845－8

Ⅰ．①世… Ⅱ．①世… Ⅲ．①科学知识－青少年读物
Ⅳ．①Z228.2

中国版本图书馆 CIP 数据核字（2010）第 196657 号

书　　名	世界上不可思议的奇谜	
	SHIJIESHANG BUKE SIYI DE QIMI	
编　　者	《世界上不可思议的奇谜》编写组	
责任编辑	柯绵丽　韩海霞	
装帧设计	三棵树设计工作组	
出版发行	世界图书出版有限公司　世界图书出版广东有限公司	
地　　址	广州市海珠区新港西路大江冲 25 号	
邮　　编	510300	
电　　话	020-84452179	
网　　址	http://www.gdst.com.cn	
邮　　箱	wpc_gdst@163.com	
经　　销	新华书店	
印　　刷	唐山富达印务有限公司	
开　　本	787mm×1092mm　1/16	
印　　张	10	
字　　数	120 千字	
版　　次	2010 年 10 月第 1 版　2024 年 2 月第 12 次印刷	
国际书号	ISBN　978-7-5100-2845-8	
定　　价	48.00 元	

前　言

　　人最大特点，在于不停地探索。人类社会的发展，就是在不停地探索中发展的。实际上，在原始人类时期，人们已经开始探索宇宙、地球和生命起源之谜了，而且一直没有停止过。

　　恐怕从古代到现在，每个小孩在他（她）"懂事"的时候，最感兴趣的事情之一就是想知道，为什么太阳和月亮在天上挂着掉不下来、自己是从哪里来的等等。在这本书里，我们汇集了一些直到现在仍然没有完全破解甚至可能永远不会被破解的宇宙、地球、生命以及人类历史遗迹之谜，按照宇宙、地球与生命、历史文明遗迹和人类文化谜团这样的顺序来编排。宇宙和地球的诞生与演变导致地球生命的诞生，于是开始了人的历史；在人的发展历史上，留下难以计数的文明遗迹，也留下了无数无法破解的谜团。或许，某位读者会因此有所启发亦未可知。

　　通过本书的一些记载可以看到，看起来十分强大的人类，实际上是十分脆弱的。当面临火山爆发、地震、海啸、洪水、狂风等意外灾害时，高度发展的文明可能会在瞬间烟消云散，不复存在，就像大西洲突然消失那样，为我们留下一个又一个的谜团。

　　虽然我们一直没有放弃对地球外生命的探索，但是直到现在，我们仍然没有找到和地球类似的、适合人等高级生物生存的确切证据。这就是说，我们地球仍然可能是宇宙中唯一存在高等生命的星球。我们也不能忽视，就是在地球存在的历史中，已经发生过不止一次的生物灭绝。而随着人类无节制地滥用地球资源，地球环境已经越来越恶劣。因此，保护地球这个我们共同的家园，是每个人的义务。要知道，人类发展的每一步都是在前人的基础上进行的，因此，热爱历史，自觉保护人类历史文化遗产，同样是我们义不容辞的义务。

人类的祖先为我们留下了无数的文明遗迹，是我们人类记忆中最宝贵的财富。随着时间流逝，这些古老的文明很多已经不可追寻，成为永久的历史谜团。我们关注这些历史之谜，是为了让今天的人们更加珍惜人类文明的可贵。

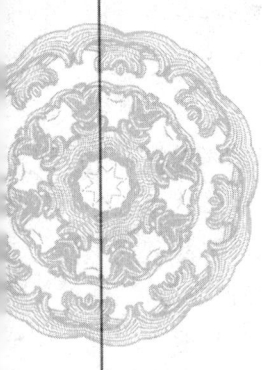

目录

宇宙、地球与生命之谜

宇宙的起源

很长时间里，星云理论统治着宇宙起源理论，而现在，宇宙起源于"大爆炸"已经被很多人所接受，虽然到现在人们依然不知道引发大爆炸的导火线是被"谁"点燃的。在中央电视台播放的有关地球宇宙起源的科普片里，也绘声绘色地演示了想象中的大爆炸情景。大爆炸模型作为解释宇宙起源的系统化理论已经被天文学家普遍接受，并被许多媒体引用且

被写进教科书中。

据说大爆炸理论是一个喜欢物理学的比利时天主教堂的主教乔吉斯·勒梅特提出来的。1927 年，乔吉斯·勒梅特获得了麻省理工学院哲学博士学位。也是这一年，乔吉斯·勒梅特根据爱因斯坦的相对论提出，宇宙在任何方向和任何地方都是均匀膨胀的，他认为宇宙是由一个包含所有物质的原始物质团爆炸而形成的。埃德温·哈勃随后发现的宇宙膨胀现象支持了大爆炸宇宙模式。哈勃发现遥远的星系都在从各个方向上快速离开而不是接近地球。这就是哈勃在1929 年发现的宇宙膨胀，促使许多科学家思考那个能产生足够的能量引发宇宙膨胀的初始爆炸。

到了 1940 年前后，天文物理学家开始对引发宇宙大爆炸的初始爆炸进行研究。他们为此提出的理论是：大爆炸发生后产生的等离子体的温度应该比现存任何恒星内部温度都高，

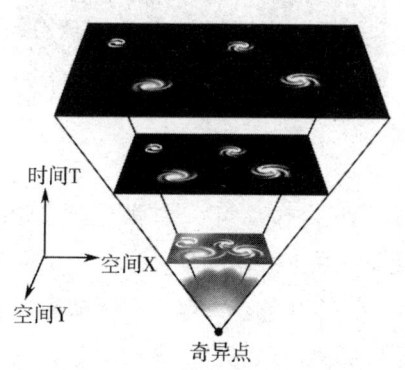

大爆炸模型

而随着时间的推移，它应该慢慢冷却，逐渐向所谓的"绝对零度"靠拢，就像一堆已经熄灭的篝火那样，灰烬中还残留着余温。这就是被称为"微波背景辐射"的理论，意味着离我们越远的宇宙深处，宇宙背景温度应该越高。不过，"微波背景辐射"理论在出现时根本不被当时的天文学家和物理学家所关注，因为在他们看来，所谓大爆炸理论形同儿戏，在重视拿到第一手数据的他们看来，是没有办法测量或证实微波背景辐射的存在的。

射电望远镜

到了 1965 年，事情出现了意外转机：贝尔实验室的科学家宣布他们在为通信卫星开发接收机的时候偶然发现，探测到了微波背景辐射发出连续的"嘶嘶"声。大爆炸理论在 1965 年前由于未经验证而颇受质疑，但现在终于有证据表明可能是由大爆炸遗留下来的残余辐射确实存在。于是许多知名科学家都纷纷投入到大爆炸研究队伍中来，也就不断发现了更多证据支持大爆炸理论。

由于微波背景辐射在大爆炸理论中的地位尤为重要，1989 年美国国家航空航天局（NASA）甚至专门发射了一颗微波卫星用于测量这种"宇宙背景"。微波背景辐射探测器（COBE）希望能探测到宇宙大爆炸后 50 万年的微波背景辐射，此时宇宙冷却到足以使物质开始形成，并辐射出光。COBE 没有辜负天文学家的期望，卫星探测数据证实了宇宙背景辐射确实是各向同性的，温度接近 3 开（2.276 开）。天文学家还发现这种辐射与所期望的黑体谱相吻合的精度令人惊讶。

背景辐射

到了 1992 年，一张根据 COBE 搜集的数据绘制的全天空星图也证实了另一个预测：大爆炸后冷却的气体形成的物质最终会汇聚成团，形成包含恒星的星系，这也符合早期宇宙的微观量子波动必然扰乱物质均匀分布的理论。打个比喻来说，宇宙好像是一锅稍微带一些疙瘩的勾了点芡的肉汤——大家知道，当淀粉没有完全搅匀就倒在锅里，就难免出现团块，即使很少也显得很突出。美国物理学家汉斯·贝特在1939年指出，重元素能在恒星中合成。这些元素是组成恒星和我们人体的成分，但只占整个宇宙质量的2%，其余是由75%的氢和23%的氦以及少量锂元素组成的。这些轻元素是在大爆炸时形成的。"熔化"在恒星"熔炉"中的重元素最终将被抛入宇宙空间，就是这些重元素成为宇宙固体物质凝聚的"种子"。最年老的恒星所保持轻元素很少，因为恒星越老它们向宇宙空间中抛射物质的时间也最长。元素在宇宙中的分布称为"宇宙元素丰度"，这是符合宇宙大爆炸理论的。

至此似乎已经可以得出结论：宇宙大爆炸理论是正确的。在科学家进行了大量验证后，这个理论被认为是可以成立的。不过，大多数天文学家在接受大爆炸理论的同时，也意识到大爆炸理论所存在的一些疑问，这些疑问有的以至于危及到大爆炸理论本身的正确性。

如佛瑞德·霍伊尔就是大爆炸理论的主要反对者。1948年，佛瑞德·霍伊尔、赫尔曼·邦迪和托马斯·戈尔德一起，提出了称之为"稳恒态"的理论。按照"稳恒态"宇宙发生理论，宇宙的实际年龄要比我们所知道的要大得多，宇宙似乎是一直存在并且将永远存在的。一个又一个星系会诞生、成长、死亡，而新星系将不断从死亡星系的灰烬中诞生，但宇宙的总质量将维持守恒。这样说来，地球上的人可以观测到的即使是最古老的星系，在一个更大范围来说实际上也是相当年轻的。

不过，霍伊尔的理论本身也不是十全十美，例如他利用了修改后的宇宙常数。宇宙常数是爱因斯坦为了证明宇宙是不变的而在他的相对论中引入的一个数学因数。早在1929年，埃德温·哈勃在研究中就发现遥远星系的光谱是向红端移动的，称之为"红移"，他因此得出结论：星系随着宇宙的膨胀而以很快的速度彼此分离。这表明宇宙并非不变，爱因斯坦的宇宙常数也就不是必要的了，连爱因斯坦也把引入宇宙常数视为他一生中所犯的最大的错误。

宇宙常数遭到大多数物理学家的反对。1965年微波背景辐射发现后，霍伊尔的稳恒态理论似乎该淘汰了。但是霍伊尔并不甘心，他认为可能在他的理论中确实出现了一些小问

射电望远镜

题，但大爆炸理论问题更大。事实上，大爆炸理论也遭遇了新问题。有一个问题是物理学家所熟知的，那就是早期宇宙并不符合现在盛行的物理定律。至少大爆炸后 50 万年，宇宙还没有足够冷却以使物质形成和光的释放。大爆炸理论家不得不假设初始宇宙是一个奇点。霍伊尔和他的追随者大肆指责这种观点，他们嘲讽道："你们与其发现一些东西把大爆炸理论弄得一团糟，不如怀疑这个理论本身的正确性。"

1990 年，霍伊尔开始取得一些新进展。他的一个追随者——德国马克斯·普朗克工学院的美国天文学家霍尔顿·阿尔普指出，有许多红移的观测值与它们的实际距离并不相符。这是一个很严肃的问题，如果红移并非是宇宙膨胀速度的可靠指示器，这将给宇宙大爆炸理论带来致命一击。也许星系并没有分离得那么快，那

么，将没有必要用大爆炸来解释驱使它们运动的力量。阿尔普在 1991 年更进一步说："这泄露了一个大秘密，那就是这些具有决定性作用的天体被人故意忽略了，争论受到了压制。"

关于宇宙大爆炸理论，有一个无法验证但也是最重要的新观点是突如其来的猛烈扩张，这是艾伦·古斯在 1981 年提出来的。他认为，在宇宙大爆炸后的最初"一秒钟"内，宇宙突然膨胀，膨胀的速度远远大于现在宇宙的膨胀速度，就像一个针尖大小的东西在一段极短暂时间内突然膨胀成一个橘子或一个垒球大小。这在数学上是难以置信的：增长的体积是 10 的 50 次方，也就是 1 的后面接 50 个 0。经历这个突然暴涨后，宇宙放慢脚步开始以现在看来是正常的速度膨胀。

暴涨理论的出现，驱散了压在宇宙大爆炸理论上空的乌云，因而广受欢迎。它解决了很多问题，其中有一个问题是关于平直宇宙的。物理学家认为宇宙要么开放，即它将沿着一定的曲面永远膨胀；要么封闭，即引力最终会把它拉回来，也许终结于一种产生大爆炸的原始原子。但是没有可观测的信息证明宇宙究竟是开放的还是封闭的，种种迹象表明实际情况似乎是在这两种可能性之间平衡。这种

状况被描述为平直宇宙，因为平均时空曲率为零，是一个平直轨道。

艾伦·古斯的暴涨理论指出：不要老是把暴涨描述成针尖变成橘子，应该把暴涨想象成吹气球，气球膨胀得越大，其表面就越平坦。因为在一瞬间发生了宇宙暴涨，实际上造成了平坦效应。按照他的理论预测，这种快速膨胀必然会产生许多单独的"泡泡"，这些"泡泡"的壁应该是很明显的，但实际上并非如此。最后，古斯还是发表了他的理论，他希望全世界的其他宇宙学家应该有足够的兴趣去解决这个问题。俄罗斯物理学家安德烈·林德是第一个给出答案的，随后其他人也得到了答案。他从数学上证明"泡泡"（后被重新命名为"区域"）能单独产生。更有甚者，我们已知的宇宙仅仅占据一个"区域"的十亿甚至万亿分之一。"泡泡"之间相距如此遥远，以至于我们永远别想观测得到。就像暴涨理论一样，泡泡域理论在大多数宇宙学家中受到狂热的支持，包括斯蒂芬·霍金。泡泡域理论尽管无法验证，但是它解决了同样无法验证的暴涨理论的一些问题：暴涨理论不仅解释了宇宙的平直问题，而且克服了大爆炸理论的一些不足，包括宇宙中物质分布的各向同性——暴涨的瞬间就像一种宇宙搅拌器的行为。对一些像霍尔顿·阿尔普和佛瑞德·霍伊尔之类的批评家来说，这远远不能令人满意，不管数学上是如何优雅，理论与理论的吻合是如此天衣无缝。但是批评者毕竟是少数，尽管更多的物理学家接受大爆炸理论和暴涨理论的方方面面有困难，但是他们愿意去挑战一些小问题而不是嘲笑整个理论。

目前，大爆炸理论成为解释我们的宇宙起源的最好理论。应该强调，别忘了另外的永远位于我们视野之外的"区域"。哈勃望远镜等深度宇宙探测技术和高速计算机技术的发展，使我们的视野更加开阔深远。量子物理实验深入到亚原子粒子的奇异世界的时候，人们所得到的知识似乎都在不断地支持大爆炸理论。一些人包括斯蒂芬·霍金乐观地认为，我们可能正在接近对整个宇宙的了解，大统一理论出现的时候也许为期不远。最后我们不得不提醒大家，即使在大爆炸理论的拥护者中，也不乏怀疑者。我们对宇宙的了解依然仅仅是开始，也许在人类存在的时间里，永远也不会解开宇宙形成之谜。

所以，尽管大爆炸理论已经称为标准理论，但它还不是一个真理。

生命的诞生

伴随着人们对宇宙形成之谜的探索，人们同样也在不断探索生命是如何诞生的。"先有鸡还是先有蛋"的讨论，实际上也就是探讨生命起源之谜的尝试。

据天文学家说，地球是在46亿年前从太阳诞生后的残余物中形成的。据推测，当地球成形后，其表面仍然保持融熔状态达6亿年之久。地球内受地核加热，外遭小行星撞击，致使温度升高，水沸腾化为蒸汽。过了相当长的一段时间，残余的小行星逐渐在轨道上安定下来，小行星撞击变得稀少了，这时，碳、氮、氢和氧的各种化合物开始"化合成氨基酸和其他构成生命的基本化合物"。诺贝尔奖获得者克里斯蒂安·德·杜弗在他的《至关重要的尘埃》一书中写道："这些化合物随着降雨、彗星和陨石散落在毫无生命的地球表面，形成一张有机物之毯。"这个富含碳的薄层又受到地球和坠落在地球表面的天体的"搅拌"，并遭到强烈的紫外线辐射。由于有地球大气的阻挡，今天的紫外线辐射比当初要微弱得多。这些物质最终流入大海。著名英国科学家霍尔丹在他1929年的一篇论文中形象地形容其为"原始海洋成为一锅热汤"。这个过程的主要副产品是一些棕红色的黏稠的东西，被命名为"黏性物"或"黏泥"。

那么生命是如何从像热汤一样的海洋和许多无处不在的黏泥中产生的呢？

因为生物分子，如蛋白质和核酸等是生命之本，它们比较脆弱，在低温下可以存活很长一段时间，所以化学家始终坚持认为生命应该起源于低温，甚至是像木星卫星零下很多度的冰冷环境中。但是人们在火山口附近发掘出来微小的线状生物的化石，可见构成这种生物的原料也应该来自火山口附近。事实上，现在在火山口和温度高达110℃的温泉里仍然活着最古老的细菌。这些古老火山细菌的存在强有力地支持了生命起源高温环境说。

探索生命起源的两个主要研究领域都存在较大的问题。不仅仅是生命最早开始出现的年代被一再往前推，以至于似乎没有足够的时间来发生创造生命的化学变化，而且那些化学反应本身也存在着许多谜。

新的问题犹如乌云遮蔽了生物进化图景，这个图景曾经在"种系树"上似乎是如此清晰。进化的种系树是达尔文在19世纪为了表示动物群的演化史而提出来的。种系树反映了生物的进化史，人们可以沿着它的枝干追根溯源。第一张复杂的种系树图谱是德国博物学家恩斯特·海克尔绘制的，他同时还创造了"生态学"这个词。DNA 的发现使人们不仅可以绘制出动物和植物的种系树图谱，而且可以绘制出构成动植物的生命体的遗传物质的种系树图谱，它能使我们更深刻地理解生命的进化过程。为了绘制这些种系树图谱，研究者利用了一种比较测序的方法，首先测定一种生物体中组成核酸或组成蛋白质的氨基酸的分子的排列顺序，然后把它与另外一种生物体进行比较。利用这种技术，有可能发现种系树上的两根细"枝"的距离究竟有多远，并揭示出引发种系树"分出枝丫"（因为生物体的进化或突变）的机制是什么。

20 世纪 70 年代后期，伊利诺伊大学的卡尔·沃斯把比较测序方法应用到存在于所有生物体的 RNA 分子上，结果得到了一张比以前所猜想的要复杂得多的种系树图谱。

这棵种系树有三个明显的分支，描绘了三类基本的生物体：原核生物、古菌和真核生物。原核生物是细菌类的微生物，古菌是由沃斯提出的新的分类，它是第二组通常可在非常热的地方如滚烫的温泉发现的细菌类

有机体。真核生物是具有大细胞的生物体，细胞中有一个与周围环境隔开的细胞核。真核生物包括所有多细胞生物体如动物和植物，当然也包括人类。

从 20 世纪 80 年代早期开始，随着这三类基本生物体的越来越多基因被解码，问题出现了。除了沃斯最初的蛋白质模型外，这些基于基因组的三类基本生物体的种族树图样都不同。另外，基因不断反复的现象令人惊奇，这种变化导致寻找所有基因的共同的祖先变得很复杂，这表明原始基因，即导致生命起源的基因是相当复杂的，这种复杂性并非一个"起始"基因应有的。唯一可能的解释是，假定在生命进化的早期，一些基因并非一直突变而形成一株一直向上生长并分出许多枝桠的种系树，而是在水平方向上发生交换。这一理论被现在所发现的一些事实所支持，例如，一些细菌能在水平方向上改变部分基因以使自己更具有抵抗抗生素的能力，这对人类来说是一件不幸的事。这个推论意味着生命之树并不具有一个挺拔的主干。

现在，专家们把不同时间赋予由DNA 形成的树开始向上，生长并分出枝丫的那些点上，时间跨度从最近的 10 亿年前到以前所猜想的 40 亿年

前。就像关于宇宙起源的大爆炸理论一样，关于生命起源的理论也很复杂，特别是随着新的发现和测量方式促进了知识水平的提高，它变得更复杂了。因为这个原因，其他曾经作为空想而消失很久的对生命起源的解释仍有忠实的追随者。

我们的地球上的生命会不会是来自太空，来自小行星、陨石和彗星甚至是火星？荣获 1903 年诺贝尔奖的瑞典化学家斯凡特·奥古斯特·阿雷尼乌斯创立了生命起源的胚种论，他认为细菌孢子在一种休眠状态下在冰冷的宇宙中旅行，当它遇到合适的行星时便开始生长繁衍。阿雷尼乌斯没注意到致命的宇宙射线可能会杀死细菌孢子。佛瑞德·霍伊尔大肆鼓吹另一种更离奇的胚种论，他认为类似于 1918 年流行于西班牙的流感之类的流行性疾病是由于太空中的细菌造成的，人类的鼻子已经进化成能过滤这种太空诞生的病菌了。弗朗西斯·克里克（他与詹姆斯·沃森、莫里斯·威尔金斯一起，因发现 DNA 的双螺旋结构而获得了 1962 年诺贝尔生理学或医学奖）与研究生命起源前的化学的先驱者莱斯利·奥格尔一起甚至走得更远，他们认为生命是一些高等的外星文明"播种"在地球上的，他们称这个假想为"定向胚种论"。

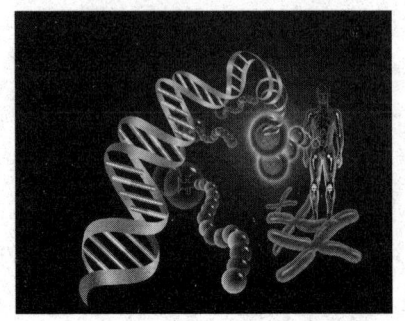

小行星撞击地球促进生命起源

也许在即将来临的 2015 年，关于远离地球的太阳系的生命，人类将发现更多的甚至是惊人的证据。NASA 探测器将探测土星的卫星土卫二，这是一颗表面被冰封的星球，这意味着在其下面可能存在水，这颗探测器将证明宇宙中的生命比一些保守的科学家所猜想的更普遍。近年来，我们知道地球上的生命存在于一些极端温度下，在这样的温度下，我们长期以来一直认为对任何生物有机体来说都是极其不利的。如果在土卫二冰面下发现任何种类的生命，那么胚种论将提高到一个新的水平。同时，科学家平息关于宇宙起源的争论也将变得更加复杂。

陨石与生命

现在人们已经知道，太空中的陨石可能是地球生命的来源，同时也是生命的杀手之一。

1908 年 6 月 30 日清晨，俄国西伯利亚中通古斯卡河上游瓦纳瓦腊以北 50 千米的密林中，突然发出一声震耳欲聋的巨响，蘑菇云拔地而起，窜上近 2 万米的高空，森林中的动物和挺拔的大树一起被灼热的气浪冲倒、焚烧。连日熊熊的大火吞没了 2000 平方千米的原始森林。冲天火光照得方圆 800 千米内通红一片，1500 千米外也能看到。在中心地区 3000 米范围内，出现 200 多个直径米 1～50 米的坑穴，其周围的树木呈放射状向外侧倾倒，就像自行车轮的辐条。据离爆炸地点 60 千米外的一位居民说，当时他站在门廊上，突然看到一个拖着一股烟尘的火球掠过，就感到热浪与刺眼的火光迎面扑来，强大的冲击波使他顿时失去知觉。他苏醒过来后，只觉得大地在颤抖，房子在摇晃，头顶传来雷鸣般的巨响，"好像觉得世界的末日到来"。160 千米外一个在河岸工作的工人，被气浪掀入河中。在 240 千米外，强劲的风把地面刮去一层土，在安加拉河面上堆起一堵水墙。据科学家后来估计，这次爆炸的能量约为广岛原子弹威力的 500 倍。

爆炸的气浪使整个西伯利亚东部出现了强烈的气流，英吉利海峡彼岸的英国气象中心，也监测到大气压持续 20 分钟的上下剧烈波动。3500 千米外的彼得堡以及澳大利亚、爪哇、华盛顿等地的地震仪都记录到地震波。连续两个晚上，天空异常明亮，甚至在苏格兰，午夜还可看清报纸上的字。

1937 年，一颗直径不到 1 千米的名叫"赫米斯"的小行星以每小时 3 万千米的速度与地球"擦肩"而过，距地球仅 78 万千米。假如赫米斯与地球相撞，将释放出相当于 10 万个百万吨级炸弹的能量。

1947 年 2 月 12 日上午，原苏联远东锡霍特—阿林山系的伯力居民们目睹了另一天空奇观：一颗火球拖着浓烟和火花，在空中向南美袭来，消失后不久，传来了一声巨大的爆炸声。正在执行任务的原苏联空军也观察到了这一现象，他们帮助调查人员找到了陨石坠落现场。

1972 年 8 月 10 日，美国加利福尼亚上空 58 千米处传来隆隆巨响，一团巨大的火球划天而过。原来是一颗直径 10 米、重数千吨的小行星擦地球而过，险些撞上美国。美国宇航局的红外探测器记录了这次事件。

1976 年 3 月 8 日北京时间下午 3 时许，在我国吉林省吉林市北部发生了一次世界罕见的陨石雨。百万群众

陨石坑

看到一个耀眼的火球，向地面飞落，接着分裂为三个火球，一个形成满月，另两个呈足球大小的碎块，随后向地面坠落，轰隆之声响彻云霄，震起的土浪高达数十米。土块飞溅到百米之外，还升起了一个高达50多米的蘑菇云状的烟柱。大量陨石碎块撒落在吉林市北部近500平方千米的范围内。

吉林陨石雨撒落在一狭长带状区域内，东西长70多千米，南北方向最宽的地方不超过10千米。据研究，吉林陨石原先可能是一个直径2200千米的阿波罗型小行星的一部分，它在行星际空间飞行过程中，在800万年前被撞击分裂出一块直径大于10米的碎块，在40万年前又受到一次撞击，分裂出一块直径约2米的碎块。这颗碎块于1976年3月8日15时大体上沿着地球公转方向从后面追上地球。在进入地球大气层后，剧烈摩擦让它燃烧。陨石的一大部分被烧

毁、气化，残留部分在大气层中产生多次崩裂，形成许多碎块落到地面上。到达地面时速度每秒只有几十米。科学家们对吉林陨石标本作了大量的物理化学研究与分析工作，1979年科学出版社出版了研究专著——《吉林陨石雨论文集》。

1989年初，美国科学家宣布一条震惊世界的新闻：一颗能产生相当于2万颗氢弹爆炸能量的小行星"1989FC"将在当年3月22日，在距地球约69万千米的远处飞过。这颗小行星的轨道比较特殊，绕太阳的公转周期为1.03年（大多数小行星的公转周期为3~7年），每隔33年要飞近地球一次。我国天文学家认为，假如这颗直径为300米左右的小行星击中地球，如在高空爆炸，由于碰撞速度高达16千米/秒，将撞击出一个直径为6千米左右的圆形撞击构造坑，在半径为几十千米范围内产生强烈地震。

1989年8月，一颗直径1千米的小行星"1989PB"在距地球400万千米处飞过。

1991年1月，直径5~10千米的小行星（1991BA）在距地球17万千米处掠过，这个距离不到地球至月球距离的一半，在天文上算是"千钧一发"了。

1989年，有一位天文学家预言，地球的唯一卫星——月亮将在1992年遇到一颗大流星的撞击，估计月球将损失过半。尽管在1992年，我们并未经历这一劫难，但月球表面的满目疮痍告诉我们，人们不仅要忧地球的"天"，还要忧毗邻星星的"天"，因为它们的被撞同样要带来地球的灾难。在南极等地，中外科学家已经找到一些被认为是从月亮上掉到地面的陨石。

月球陨石

天体相撞在宇宙太空中是正常现象。一些科学家甚至认为陨石是地球生命的来源之一。但是，大型陨石对地球环境的威胁也是显而易见的。自从20世纪80年代以来，各国有识之士一直在呼吁人们要正视来自近地空间的威胁。

目前威胁人类的近地小天体主要是彗星核和小行星，彗星核在其中只占几个百分点，因而，密度较大的小行星比彗星更有可能光临地球。但不能轻视的是，尽管有能力穿过地球大气层并撞击地球的彗星不多，与直径同样大小的小天体相比，彗星速度快（小行星撞击地球的速度为20千米/秒，短周期彗星为30~40千米/秒，长周期彗星为50~60千米/秒），撞击时释放的能量较大，将对地球构成更大的威胁。有学者估计，彗星撞击在撞击灾害中约占25%。另外，彗星具有松散的结构，强度低，就像子弹打向高速飞来的一团棉花上，很难说有多大的效果，这就增加了防御的难度，至少在目前是一个没有解决的难题。

小行星是火星和木星轨道之间的游荡者，目前全世界共发现小行星1万多颗。小行星的特点是体积小、质量小，各自有各自的运行轨道，偶然也有一些小行星会闯入地球轨道附近，成为近地小行星，成为最有可能光顾地球的危险"天外来客"。据有关学者统计，1898~1977年的80年间，共发现近地小行星43颗；1978~1982年发现了28颗；1983~1989年发现45颗；而1990年1年中，发现的小行星竟达14颗。迄今为止，发现的近地小行星最大的为直径8千米左右的"16271var"，其中77颗的直径在1~5千米，其他大部分直径在200米以上。除了这些近地小行星之外，天文学家估计还有95%以上的直径大于1千米的近地小行星和彗星核尚未被发现。更令人担忧的是，对直径小于100米的近地小行星的搜索发现率不足0.1%。由此可见，人类对近地小行星和彗核的了解是如此之少，对太空威胁的防御无异于自动地让位于"上帝掷骰子"。人类真正的威胁来自对近地空间了解的不足。

我们常在繁星闪烁的夏夜，见到划空而过的流星。它们都是一些直径小于50米的非铁质近地小天体，在闯入地球大气层时，与大气相摩擦燃烧而发光，一闪而逝。流星体穿过大气未烧尽而落到地面的部分，就成为在陈列馆展出的陨石，如我国的吉林陨石。一旦直径大于50米的近地小行星闯入地球空间，人类的天然屏障——大气圈也无法阻挡这些不可一世、横冲直撞的入侵者，它们就会如"通古斯卡爆炸"一样，对地球构成灾难式的危害。更大的撞击，甚至产生如白垩纪末恐龙灭绝的全球性灾难，导致人类文明的终结。英国科学家约翰通过计算表明，1908年，通古斯卡的爆炸即使发生在美国的乡村，也会造成6.8万人死亡和价值45亿美元的财产损失。如果发生在人口众多的国家，如中国的人口聚集区，其后果不堪设想。

流星雨

目前科学界的共识是，只要地外撞击体的直径处于0.6千米～5千米之间，就有可能使全球笼罩于撞击所造成的巨大烟尘中，太阳光将完全被阻挡，地球就会被长达数月甚至数年的黑暗而寒冷的冬天所笼罩。据研究，恐龙突然灭绝就可能是由于陨石撞击地球引起的。

1801年1月1日，意大利天文学家皮亚齐在火星和木星轨道之间发现新行星起，就揭开了人类发现和研究小行星的序幕。从第一颗谷神星、智神星、婚神星、灶神星……整个19世纪，发现400个以上，到了20世纪，小行星的发现愈加频繁。到现在为止，天文学家已发现多达5000颗。其中已测算出运行轨道并编号的近3000颗。据估计，现代天文望远镜发现的小行星不到总数的千分之几。

虽为数众多，但这些小行星体积

和质量都很小。最大的谷神星直径只有 770 千米，不到月球直径 1/4，体积不足地球体积 1/450。如果你登上小行星，能一目了然地意识到是在一个行星上，四周越远越向下弯，球形感油然而生。1937 年发现的赫梅斯小行星，直径不足 1 千米，只有泰山的一半高。因此到现在为止，小行星全部聚集成团，充其量只有一颗中等卫星的大小，同大行星的大小相比，真是差得太远了。

这么浩浩荡荡的小行星军团，多数都集中行走在火星和木星轨道之间的小行星带上，越出这个范围的极少。但也有少数沿椭圆轨道运行，远时可以跑到木星以远的空间，甚至跨过土星轨道之外，近时却大踏步走进地球轨道里侧，甚至深入到金星轨道之内，为"近地小行星"，成为太阳家族的不安定分子，很可能是未来伤害地球的主要"杀手"。

近地小行星轨道偏心率一般比较大，从它与地球之间距离来说，最近时一般几百千米，少有贴近到百万千米的。1937 年 10 月小行星赫姆，在地球外 80 万千米附近掠过，只相当于月地距离的 2 倍。1989 年 3 月，也有一颗小行星飞到距地球 75 万千米的位置，又远离我们而去。从辽阔的宇宙空间尺度来看，说它们与地球近

在咫尺，也许并不夸张。这么多小行星在地球附近空间穿来穿去，确实让人捏一把汗。

根据专家的看法，直径大于 1 千米的小行星以及超过 600 米的彗星，原则上都有可能成为地球的潜在敌人。据天文学家计算，目前宇宙中，直径为 1 千米的"危险分子"大约有 1200~2000 颗。

那么近地小行星与地球碰撞几率如何呢？各方面估计不尽相同，出入也大。有人估计，平均几十万年或几千万年才发生一次，这对地球 46 亿多年的漫长岁月而言，可以用"司空见惯"来形容了。

——每年都发生的可能性五十万分之一。

——今后 100 年的可能性十万分之一。

——人的一生中的可能性二十万之一。

像彗木碰撞，每 1000~8000 万年有 1 次。

日本吉川真通过分析，直径为 1 千米以上小行星撞击概率 12 万年 1 次，今后 2600 年间，有五六个小行星处于和地球较为接近的状态，最近是相距 15 万千米，约为月地距离一半。所以，所谓杞人忧天不无道理，所谓天地冲撞也并不是危言耸听，应

唤起天文学家和公众注意。

目前，从这一角度看，就算是百万分之一的几率，一旦小天体突袭地球，人类应抢先预报，测算轨道。对此，中国天文学家通过传媒公布了科学预测：未来100年之内，地球可相安无事。北京天文台研究员李启斌和同事经研究后发现，21世纪会有小行星三度"接近"地球，第一次是编号4179的小行星于2004年9月29日在距地球150万千米处一擦而去；第二次是2069年，2340号小行星在距地球100万千米见上一面，后又会于2086年重新来到105万~110万千米的地方拜会地球。

如此巨大的威胁存在于现在，以此类推，可知在史前时期一样存在着这种风险，而且，很有可能这种威胁变成了现实，从而使得那些令今人叹为观止的史前文明遭受灭顶之灾，化为灰烬。

尽管地球上大多数的陨石坑都被自然之手抹平了，或者被海水吞没了，但科学家们还是发现了120多个地球上幸存下来的冲击坑，而且现在每年还在辨认若干新的冲击坑。

——亚里桑那陨石坑。这是1905年美国工程师、企业家巴林杰首先确认是陨石坑的，所以，该坑又名巴林杰陨石坑。它不仅大，而且奇特，是当地旅游观光的好去处。巴林杰陨石坑的直径约1200米，深约180米，边缘高30~40米，接近为四方形。如此巨型陨石坑，就是绕周边走一圈，至少也得花好几个小时。形成巴林杰陨石坑的是个"大铁块"，估计直径达60米，质量约100万吨，在2万年以前以每秒约20千米的速度冲击地球，发生特大爆炸，从而给地球留下至今难愈的"创伤"。

巴林杰陨石坑

——南非阿扎尼亚的维列德福盆地。该盆地在南纬27℃附近，直径达70千米，调查结果表明它大约形成于3亿年以前。

——澳大利亚中部的亨伯里陨石坑群。澳大利亚中部气候干旱，亨伯里地区人迹稀少，这里保存着13个坑穴，其中最大1个是卵圆形，最长直径220米，深12米。亨伯里陨石坑的发现，是1930年11月25日一场流星雨引出来的。

——爱沙尼亚萨莱马岛的卡利湖。20世纪20年代末，确定该湖是一个陨石坑，直径为110米，深22米。在湖周围0.75千米范围内，还发现有至少6个坑。萨莱马岛位于波罗的海东侧，面积2600多平方千米。在不大的小岛上有陨石坑群，也是很难得的。造成该岛陨石坑群的流星雨爆发在大约3500年前。

——加拿大魁北克省的环形湖。这里最初是一架美国飞机在魁北克省的昂加瓦地区发现的一个特别圆的小湖，后来，查明是一个陨石坑。直径比亚里桑那陨石大3倍，最大深度超过500米，据估计，陨石坑的年龄不到2亿年。

——我国学者徐道一、严刚等在20世纪80年代认为太湖也是一个陨石撞击坑。我国陆续发现一些陨石坑。内蒙古河北交界处的多伦陨击坑，直径170千米。吉林九台县的上河湾陨击坑，直径30千米。广州始兴县的陨击坑，直径3千米。在广东新兴县还发现一个陨击坑，直径达6千米。

——最近也有学者撰文指出四川盆地就是一个巨大的陨石坑。

——科学家还宣称在海底探明有陨石坑，并大胆提出，地球上的许多海洋盆地，甚至是太平洋、墨西哥湾

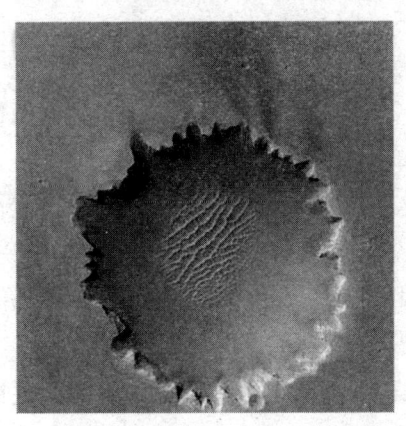

海南陨石坑

等，也是陨石撞击出来的。不过这种推想毕竟太不符合观测事实。

无论如何，天体冲撞地球，在地球演化中扮演了不可或缺的角色，这是多数科学家公认并认真思考的事实。

科学家们比较一致的认识是：对地球威胁最大的主要是小行星、彗星以及流星体等近地小天体。一是把所有直径大于1千米的近地小天体登记在案，加强观测和监视。二是及时筛选出有危险的近地天体，及时有效预防和拦截。那么就要建设"空间警戒网"。在全球范围内建立口径不小于2米、专用于小天体观测的天文望远镜，并研究和实施拦截、击毁、改变小天体运动轨道的技术。最重要的是给出近地小行星的预警时间，使人类有可能做好充分准备。

进行这项工作绝非一朝一夕之功，它需要唤起全世界的注意，集中全人类的智慧，参与到保卫地球的行动中来。

1993年4月，天文学家们特意在意大利的埃里斯召开专门国际会议，共同讨论了小天体可能撞击地球的问题。会议通过并发表了《埃里斯宣言》，受到了很多国家和组织的重视和关注。

策略一：让近地小天体偏离原轨道

首先测定近地小天体的位置并掌握其活动特征。设法用一个很小的冲力改变天体的运行速度，使小天体偏离原来轨道，它们就不会同地球相撞。改变天体的轨道，可以通过改变其质量来实现。具体办法有：

（1）激光束。通过一种巨大的激光装置把极大能量投射到近地小天体一侧。激光束使被投射一侧表面温度急剧升高，使它裂开并最终分离出来，这样就减少了天体质量，从而改变其运动速度和轨迹。当然这种技术要求，目前还难达到。

（2）质量转移器。设想在危险目标上安装一台质量转移器，让其在上面不断挖掘矿物，并不断抛入太空并持续数年或数十年，最后达到减小其质量和改变其轨迹的目标。

当然，这种机械任务对目前来讲难度也很大。

策略二：使用核弹

在目标物上空几百米处引爆一枚核弹，可使用一个巨大的装上核弹头的拦截导弹射向目标上空。

该办法的原理同前面讲到的"激光束"一样，炸弹的能量使目标物一侧急剧升温使之分裂。

科学家们计算了各种可能性；其重量达到1万吨（可偏转1千米直径的物体），大到1000万吨（可偏转10千米直径的物体）。这种技术被认为是最可能成功使用的手段。

策略三：直接撞击

美国人使用一颗铜质弹头的卫星，成功撞击了一颗彗星，成为当年轰动一时的新闻。这就使采用直接撞击来击毁或改变近地小行星成为现实。当然，要想真正实现，还需要做大量研究和试验。

策略四：借力打力

这一计划堪称是争议中的星球大战计划"灵巧卵石"的老大哥。它建议把体积很小的小行星准确地引入地球轨道，用它们攻打一颗较大的小行星。这一办法不能说是异想天开，但尚未经过认真研究。

据中科院紫金山天文台研究员赵海斌介绍，自2006年10月我国首台近地天体望远镜投入试运行以来，3

年多的时间里共发现721颗小行星。这要归功于这台专门用于近地天体搜索的、施密特型1米近地天体探测望远镜，它主要用于搜寻宇宙中可能威胁地球安全的近地天体。

紫金山天文台近地望远镜外景

赵海斌解释说，小行星大多由石块、金属和尘埃构成，小如卵石，大如山脉，形状不规则，外表暗淡。它们本该聚集在火星和木星轨道之间、被天文学家称为"小行星带"的地方绕太阳公转。但它们由于质量较小，常被大行星的引力摄动而远离原来的轨道。在这种情况下，地球可能成为它们的目标。

为及时搜索出对地球存在潜在威胁的近地天体，并加入国际小行星观测网，紫金山天文台和南京天文仪器研制中心联合研制了1米施密特近地天体探测望远镜。据赵海斌介绍，截至目前，他们已经向国际小行星中心上报7万多个小行星的近30万次观测数据；发现了拥有临时编号的新小行星721个；其中40个小行星已经精确定轨，获得了永久编号。

据了解，在紫金山天文台发现并获得国际临时编号的700多颗小行星中，近地小行星"2007JW2"最引人注目，它是一颗阿波罗型近地小行星，到太阳的最近距离为6800万千米，估计直径1400米左右，绕太阳一周只需1.54年。

赵海斌说，在国际天文学界，发现小行星的能力是一个国家天文观测能力的重要标志之一。这项工作不但对天体物理学、天体化学和生命学等学科的研究有帮助，还有利于防范小行星与地球的碰撞。

据有关专家介绍，紫金山天文台和南京天文仪器研制中心联合研制的这台望远镜性能是中国第一、世界第五。口径为改正镜1米，主镜1.2米。近地天体探测望远镜安装于紫金山天文台盱眙观测站，位于安徽江苏两省交界的铁山寺国家森林公园保护区内。

物种大灭绝

随着地球变得越来越热、气候环境越来越恶劣，关于物种大灭绝的声音也越来越强烈。2009 年 12 月初，哥本哈根世界气候大会的开幕，把有关生物灭绝的预测推向了新的高峰。据说只要全球气温再平均升高 1℃，很多如今的米粮川就会成为撒哈拉那样的不毛之地，惊呼新的一次生物大灭绝已经来临。据说，生物大灭绝已经在地球上不止发生过一次，恐龙的灭绝就是最好的例子。在我国云南发现的澄江化石群和辽宁化石群，都证明确确实实发生过多次的生物大灭绝。

据科学家估计，以单细胞细菌形式存在的一些种类的生命，在地球上已经存在 35 亿年了，曾经存在过的 99.9％ 的物种最终都灭绝了，这不是夸张的数字。究竟发生了什么使得亿万物种惨遭灭绝？劳普于 1991 年著的《大灭绝：坏基因还是坏运气？》一书中介绍了两个学派。

坏基因学派认为，因为地球在不断变化，它的大陆板块在不知不觉中形成新大陆，它的气候冷暖有序，即使很微弱的地磁场完全反转，也将引发地震、火山喷发、冰河和热带热浪，这些肯定会对现存的生物带来挑战。那些具有复杂的遗传结构并能适应这种变化的生物自然最有希望生存下来。这些具有复杂遗传结构——同样也意味着具有最大和最复杂的有机体的生物将不会灭绝。另外，当任何物种经历长时间的进化以获取更大的遗传效率时，即使没有外来的大规模的环境变化的压力，它的不太适应环境的祖先也将逐渐灭绝。如果能发展出一种比从其进化而来的物种更有效的摄取微小食物的能力，甚至一些相当原始的早期海洋生物也胜过与它相似的生命形式。适应性即适者生存对许多科学家来说，解释大多数物种灭绝似乎足够了。

灭绝的恐龙

然而，随着时间的推移，当从记录了地球生命史的化石中了解到越来越多的东西后，科学家注意到这种方法出现了越来越多的问题。单独靠进化论不能解释 5 次物种大灭绝发生的原因，在这 5 次大灭绝中，大多数曾经存在的生命形式灭绝了。经历了过去的半个世纪后，越来越多的科学家转向了"坏运气"假说，这一假说认为大灭绝是由于经历了罕见的自然灾难，其强度足以毁灭整个行星。在讨论这种灾难性事件的证据之前，先让我们来看一看过去5亿年间所发生的5次物种的大灭绝。

大灭绝发生在5次不同的地质时期：奥陶纪、泥盆纪、二叠纪、三叠纪和白垩纪。大灭绝发生在整个6亿年间（被称为显生宙，在这段时间中，复杂的生命已经在地球上形成了）是毫无疑问的，其他6个地质时期并没有发生大灭绝。生存于奥陶纪（从5.05亿年前到4.40亿年前）的唯一的生物是海洋生物。直到从将近4.1亿年前到3.6亿年前的泥盆纪，才出现陆地生物，它们迅速在陆地上扩张。从大约2.86亿年前的泥盆纪开始，大大小小的脊椎动物才开始在陆地上盛行。从二叠纪往前，出现了爬行动物和哺乳动物，但是哺乳动物的种类在大约6500万年前恐龙灭绝后才开始渐渐多了起来。

1989年，一本名为《精彩的生命》著作提出，把显生宙划分成独立的分类，如鱼类时代、爬行类时代和哺乳类时代是极其简单的，但当海洋和陆地被复杂的物种占据的时候，经常会发生一定程度的交叉。人们对恐龙巨大身躯的特别兴趣导致使用诸如"当恐龙统治地球时"这样的措词，但是事实上只是有些恐龙身形庞大，有些恐龙的身体和小鸟差不多，恐龙的种类大约只有50种，而现存的松鼠就有150种之多。我们不会说松鼠在统治地球，也不会说数量正在急剧减少的最大的陆地哺乳动物——大象在统治地球，可见身形庞大并不一定重要。此外，如果严格按数量来评判，那么昆虫从二叠纪开始就应该统治地球了，如果说生物多样性在统治地球，那就更不正确了——人类正在不断地毁坏多样性，尽管我们的生活依靠多样性延续。

尽管没有一种动物主宰地球，在大灭绝期间总有一些生命形式像恐龙一样被永远毁灭。

证明恐龙的灭绝是目前大灭绝原因的争论的关键。有两个原因：其一，自从1842年理查德·欧文创造了"恐龙"这个词以后，恐龙就成了公众感兴趣的对象，至今已经一个半世纪了；其二，因为恐龙消失在5次大灭绝的最后一次，世界各地都有记录了它们1.4亿年存在史的化石，在中国的四川、河南等地都发现了大量的恐龙化石，恐龙化石比其他早期的生命形式的化石更完好。

诺贝尔奖获得者、加州理工大学物理学家路易斯·W·阿尔瓦雷茨和他的儿子沃尔特——一位地质学家一起建立了一个新的理论，在20世纪70年代震惊了恐龙研究界。他们开

出土的恐龙蛋

遍，白垩纪末期的地层中铱含量之高令人惊奇。

恐龙化石

辟了一条思考大灭绝的全新道路。

1973 年，沃尔特·阿尔瓦雷茨和一个地质学家小组在意大利北部的古比欧的一个地方发掘能证明地球磁场反转的证据。因为某种未知的原因，地球磁场每 100 万年反转一次。在古比欧，沃尔特·阿尔瓦雷茨发现一个夹在两个石灰层之间的泥土层没有化石，而这两个石灰层都有很多化石遗迹。这件事引起了他极大的兴趣，因为泥土层在地质年代上与白垩纪末期一致，恐龙就是白垩纪末期灭绝的。1977 年，沃尔特回到美国，随身带了一些泥土层的样品。然后，他就这件事情跟他的父亲路易斯·W·阿尔瓦雷茨进行了讨论。古比欧的地层样品激起了他的极大兴趣，他开始测量这些泥土样品的化学成分，在1978 年又得到了一些额外的样品，并发现在地层中铱元素的含量是其上下层的石灰层的含量的 30 倍。铱是地球上的稀有元素，但在陨星上很普

阿尔瓦雷茨认为有几种可能的解释。一个假设是在那段时间银河系正好有一颗超新星发生爆炸，富含铱元素的爆炸碎片大量落到地球上，但是没有找到有力证据的支持。路易斯和沃尔特·阿尔瓦雷茨转向了另一个假说：一颗大陨星坠落地球。它的直径至少有 10 千米，撞击后扬起的尘埃遮天蔽日达数年之久，海洋和陆地的植物得不到充足的阳光而深受影响，食物链的崩溃导致了包括恐龙在内的大量物种同时灭绝。

阿尔瓦雷茨父子的假说于1980年 6 月发表在《自然》杂志上，当时很多人认为这不过是一个带科学性质的戏剧性故事而已。许多地质学家拒绝接受这一假说，他们说，猛烈的火山喷发也可能造成遮天蔽日的尘云。有的科学家认为陨石撞击假说可能是真实的，但有待验证。富含铱元素的

类似沉积物在全球的其他不同地方还能找到吗？是否存在一个正好产生于白垩纪末期、并且足够大的陨石坑来证明这样一颗陨星确实撞击过地球呢？

结果是在两年内，地质学家在世界各地都找到了包含确切年代的富含铱元素的地层。但是有些科学家开始提出一个新的问题：铱元素能在大气中长期停留、从撞击点散布到全球吗？计算机模拟的模型显示"冲击扩散"是可行的。陨石假说还存在一个大问题：这个巨大的陨石坑究竟在哪里？1989年，海洋学家在绘制尤卡坦半岛的北部海滨的地形图时，发现了一个海底陨石坑，随后科学家对这个名为奇休鲁布的陨石坑展开了测量。1993年，科学家宣布这个陨石坑直径为180千米，比西弗吉尼亚州还大，实际上是现在已知的地球上最大的陨石坑，年代测量显示这个陨石坑正好形成于6500万年前，与恐龙灭绝的年代相符。通过对从陨石坑中取得的样品进行的测试，1977年，一些研究者得出结论：这个陨石坑中铱元素含量与古比欧、丹麦、新西兰所发现的地层的铱元素含量相同。到此为止，大多数科学家都接受陨石撞击是导致恐龙灭绝的重要原因。1996年11月宣布的一项研究成果指出，

尤卡坦半岛陨石撞入地球，这将在北美洲产生巨大的风暴性大火。

尽管这些试图证明过去5亿年间地球经历的5次大灭绝，都是因为陨石撞击所引起的发现和推论极具煽动性，但仍有一些科学家对这个假说持怀疑态度，甚至怀疑恐龙灭绝真的完全是因为陨石撞击所引起。这些科学家只愿意承认陨石撞击只是恐龙灭绝的部分原因，而不是全部。印度西部的高原地区分布着广阔的火山岩堆积物，被称为德干高原火成岩，一些科学家认为这种不断出现的火山活动也可起到与陨石撞击相似的效果，一些人认为火山爆发和陨石撞击都存在，同样起决定性作用。而其他专家坚持恐龙在北美洲比在其他地方灭绝得快，尤卡坦半岛的陨石撞击应该是主要的原因。还有一部分人认为恐龙在陨石撞击前就开始消失了，陨石撞击只不过是加速了它们灭亡而已。因为在他们看来，许多恐龙因为体积太大，食量惊人，一旦环境稍有变化，就会引起它们的食物匮乏，而体积小的恐龙，可能进化成像现代爬行类的动物了，有的可能进化成原始的鸟类了。

一些庞然大物般的恐龙，显示对适应环境变化的脆弱性，而小的物种则更具适应性。大卫·劳普指出，有

些物种灭绝是因为遗传问题,这类问题出现的范围,可能从疾病影响了一个物种或一些物种,到栖息环境的改变可能对一些栖息在一个狭窄的生活空间的物种来说是致命的。这些问题是显然存在的,劳普本人相信三叶虫也是受坏基因的影响。在寒武纪地层的化石中发现了6000种三叶虫物种,在接下来的两次大灭绝中,它们的数目急剧减少,到了3.25亿年以后的古生代末期,它们统统消失了。

三叶虫化石

然而,劳普也说明,坏基因并不能解释这么多物种在大灭绝中为何会全部消失。应该发生过一些重大的事件,不仅杀死了具有好基因的物种,同时也杀死了具有坏基因的物种。劳普本人对一个被大量引用的数字承担责任,即在二叠纪末期,96%的物种已经灭绝了。这个数字出自他于1979年发表的一篇文章,在那篇文章里他把这个数字作为一个上限提出来,而且还附了许多防止误解的说明。即使有70%的灭绝率对于灾变性事件来说也还是太大。

尽管如此,劳普认为陨石撞击是5次大灭绝的主要原因的假说依然得不到许多科学家的承认。尽管他有他的支持者,但仍有人对他的理论提出异议。对那些坚持认为不断发生的火山活动扮演了主要角色的人(他们确实有一些地质学证据支持他们的观点)来说,这可能意味着,巨大陨石撞击引发了大规模的剧烈火山活动。虽然如此,一些专家还是认为,即任何一次大灭绝都不是由单一的原因引起的,而是几个原因共同作用的结果。还有人认为5次大灭绝都有一个最主要的原因,但是可能每次大灭绝的主要原因都不一样。有一次可能是因为火山活动,还有一次可能是因为海平面上升,另外一次可能是因为气

火山爆发引起生物灭绝

候突变。所有这些灾难，包括陨石撞击，也许发生过不止一次。

自从发生在 6500 万年前的白垩纪末期的那次最大的灭绝事件后，我们人类正在制造另一起大灭绝。一些科学家担心我们可能正在制造一次环境崩溃，它将使我们人类自身灭绝。另外，如果一颗足够大的陨星再次撞击地球，我们将面临白垩纪大灾难重演的厄运。我们已经知道小行星有好几次与地球擦肩而过，一些天文学家怀疑地球将迟早会遭遇到巨大的撞击。除非我们能把这种小行星在太空中击碎，有些科学家认为利用原子弹也许可以达到这个目的。如果真有小行星撞击地球，我们将能获得是什么造成恐龙突然灭绝的第一手资料。且把这种获得大灭绝发生原因的灰暗的方法搁置一边，最初的 4 次大灭绝依然是一个谜，发生的原因引发了无休止的争论，可以得出可信结论的只是第 5 次和最近发生的大灾难。

吉林陨石雨

1976 年 3 月 8 日下午，我国吉林市北郊发生的一次进入大气层事件，被称为吉林陨石雨。当时相当多的人都亲眼目睹一个大火球从天而降，随即分裂成许多小火球，随后许多陨石落地。陨石雨降落时，没有造成一人一畜一物的伤害，实为世界陨石雨降落记录中所罕见。

据天文学家研究，1976 年 3 月 8 日 15 时 1 分 50 秒左右，一颗重约 4 吨的陨石从地球公转轨道的后方以每秒 15～18 千米的相对速度追上地球从天而降。由于受到高温高压气流的冲击，陨石不断发生破裂，在 19 千米的高空发生了一次主爆裂，大大小小的陨石碎块散落下来，形成了吉林陨石雨。吉林陨石雨降落在吉林市、永吉县及蛟河市近郊附近方圆 500 平方千米的范围内。这是世界上最大的石陨石雨。当时共收集到陨石标本 138 块，碎块 3000 余块，总重 2616 千克。其中最大的一块陨石吉林 1 号陨石重达 1770 千克，属于 H 球粒陨石。该陨石呈棕黑色，上有气印。这也是世界最大最重的石陨石。1 号陨石溅起的碎土块最远达 150 米，造成的震动相当于 1.7 级地震，这个震波被吉林和丰满地震台记录下来，使得吉林陨石雨的陨落有了准确的时间记录：1976 年 3 月 8 日 15 时 2 分 36 秒。

吉林陨石就其数量、重量、散落范围以及科技含量，在世界上都是罕见。经测定，吉林陨石雨的母体原是太阳系火星与木星之间小行星带中的一颗行星，年龄约为 46 亿年。大约 800 万年前，在一次剧烈的天体撞击事件中，吉林陨石从距母体表面约 20 千米深处被撞击出来，改变了运行轨道，形成了一个新的椭圆形轨道，近日点 1.4 亿千米，远日点 4.1 亿千米，同地球轨道有了交叉，使其同地球相撞成为必然。

吉林陨石属石质陨石，学名橄榄石—古铜辉石球粒陨石，或高平衡铁（H 群）球粒陨石。鉴定出了橄榄石、斜方辉石、铁纹石、镍纹石、陨硫铁等主要矿物和透辉石、金云母、钛铁矿、铬铁矿、白磷钙矿等次要矿物近 40 种，以及某些氨基酸、卟啉、色素、异戊二烯烃、正构烷烃等多种有机化合物。它蕴藏着极为丰富的有关太阳系起源、太阳星云的分馏与凝聚、行星的形成过程、小行星的演化、行星际空间的辐照历史和陨石降落过程的物理化学环境等科学信息，是研究天体演化、生命起源、元素起源、空间技术以及其他多种学科不可多得的实物资料。通过对吉林陨石的研究，使我国在这一领域走到了世界的最前列，吉林陨石的研究成果已被公认为地外物质研究的范例。

吉林陨石雨降落时，铺天盖地的巨大声音几百里外清晰可闻。落地的巨响和冲击波，震碎了无数居民住宅的玻璃窗。场面之宏大，威力之巨猛，如同原子弹。然而，竟无一人一畜的伤亡，可谓一奇。

吉林陨石雨范围之大，重量之巨，数量之多，形状之奇，标本收集之丰均居世界首位，它为当代世界科学界带来了大量宇宙信息的同时，也为北国江城吉林市的旅游业增添了奇彩，成为关东大地旅游观光的一道独特景观。

吉林陨石雨也为地球生命的起源和历史上曾经发生的生物灭绝带来了科学证据。

火星上的陨石坑

科学家认为，火星可能存在过生命，甚至可能是地球生命的来源之一。在"火星科学实验室"（MSL）第三次研讨会上，150 名科学家投票表决了他们认为能够在火星上找到生命的最佳登陆地点。这一表决结果将直接决定 2010 年发射的火星探测车的着陆点。

美国的 150 名天文学家、地质学家和生物学家参加了"火星科学实验室"第三次研讨会。在这次会议上，科学家们投票表决了他们认为火星上最有可能存在生命的三个地点。他们投票的依据是来自火星勘测轨道飞行器的最新数据。科学家们最终选择的三个地点分别是盖尔陨坑、霍尔登陨坑以及埃伯尔斯维德陨坑。很明显，这三个陨坑都曾经是一个独立的湖泊，与某水系及相应的三角洲相连。投票结果和建议将帮助美国宇航局做出正确的决策，选择"火星科学实验室"火星车的最佳着陆点。科学家们认为，火星表面的所有陨坑应该都是远古时代水体的遗迹。

按计划，"火星科学实验室"将于2010年10月向火星发射一个6轮的探测车。这套耗资数十亿美元的火星探测车将用来拍摄火星表面的照片，以及采集火星上的土壤和岩石标本。它的主要目标就是检测火星土壤和岩石标本中是否含有适宜生命存在的化学成分。到底哪些地点适合完成这些任务呢？科学家们进行了激烈的讨论并将候选着陆点集中于与水有关的地点。拥有深层热液出口的壕沟也曾经作为候选着陆点之一列入考虑范围之内。那些热液出口也许可以保护地下生物体免受地表辐射的毒害。但那种在江河湖泊中寻找具有光合作用功能的微生物遗迹的观点最终占据了上风。

如果仅仅在曾经有水的环境中寻

科学家在南极收集的火星陨石

找生命迹象，那肯定是一件困难的事情。因此，科学家们觉得也应该去寻找那些最能保护微生物的场所。科学家们此次选中的三个地点都存在大量的、学名为"页硅酸盐"的黏土。这种黏土在水中长期慢慢沉积，形成水成岩，可以有效地保护生活于其中的微生物。盖尔陨坑中还包含了硫酸盐沉积物，地球上的某些生物正是以此为食。科学家认为，所选的三个着陆点对于火星探测车来说应该是比较安全的，估计的安全系数达95%。也许随后的模拟实验会显示靠南的某些着陆点气候过去寒冷，可能并不适合作为着陆点。如果真出现这种情况，科学家们将不得不更改候选项，其他地点也有可能会进入候选三甲之列。

在此前的一次实验中，"凤凰"号火星探测器的机械臂在火星表面以下2.5厘米深处采集到1立方厘米土壤，并将其送入探测器的实验分析仪器。土壤样本被倒进烧杯，与从地球上带来的水混合。分析结果显示，火星土壤pH值在8~9之间，呈碱性。此外，分析仪器还在土壤中检测出钠、镁、钾等元素以及氯化物。"凤凰"号项目科学家、美国塔夫茨大学的塞缪尔·库纳夫说，从酸碱度等指标来看，此次分析的火星土壤与地球上一些人家后院中的土壤类似，"也许很适合用来种芦笋"。库纳夫还指出，分析表明火星北极土壤没有毒性，对生物存活似乎非常有利。地球上的类似土壤环境不仅适合种植芦笋和青豆等作物，喜好化学物质的细菌也适合在其中繁殖。不过，"凤凰"号迄今未在火星土壤样本中检测到碳元素。在地球上，碳是生命的核心元素之一。

"火星科学实验室"是美国宇航局目前的一项新的火星探测车计划。新的探测车将会比2004年登陆的火星探测车重3倍、长2倍。比起之前的其他火星任务，它将携带更多先进的科学仪器。"火星科学实验室"的探测器一旦着陆，将会分析数十个样本，并将会从泥土挖出或者从岩石中钻取粉末。预计将运作至少一个火星年（约2个地球年），比起之前任何火星探测车还要探测更广大的区域。

它将调查火星以前或者现在维持生命的可能性。为了将"火星科学实验室"送入前往火星的轨道，必须使用一种推力格外强大的运载火箭。为此，美国宇航局已经决定从"大力神5"系列火箭中挑选了一种"大力神5-541"作为今后的运载工具。

地球深处之谜

我们脚底下的地球深处是什么样子？这也是多少年来人类一直试图搞清楚的事情。法国科幻小说作家儒勒·凡尔纳在他的《地心游记》中，绘声绘色地描写了几个人从冰岛钻进地下，结果居然从意大利脱险的奇妙探险经历。他们历尽艰辛，一路上遇到地下海洋、生活在地下海洋中的巨大怪兽，甚至还有史前人类遗迹，他们奇遇怪兽、地下洪水以及利用岩浆喷发脱险等，最后安全返回地面。

那么，地球深处到底是个什么样？这个问题一直在吸引人们。1912年，德国科学家魏格纳提出大陆漂移说，他通过各大洲弯弯曲曲的海岸线居然可以惊人地镶嵌、吻合，指出现在人们所看见的大陆，实际上可能是由一个原古大陆分裂形成。实际上，任何小孩都能从世界地图上看出，非洲和南美洲的外形很吻合，就像拼图玩具的各个块。当然，人们在魏格纳时代之前就注意到了，但是，他们认为这是一种巧合或上帝的意志。大陆漂移说打破了大家一直认为的地球从形成之时起，陆地就亘古不变的想法。魏格纳发现不同大陆之间有两种联系：一是地质学上的联系，同时代、同种类的沉积物出现在宽广的大洋的两岸。二是相似的古代动植物化石出现在不同的大陆。尽管这种相似性很少存在，每个洲都有自己独特的动植物群。然而，在不久的过去，一些植物和动物不止在一个洲存在，一个鲜明例子是舌羊齿属种子蕨，它生活在 2.7 亿年前，遍布今天的南美洲、非洲、澳洲和亚洲等地。魏格纳清楚地意识到曾经存在一个超大陆。1915 年，他出版了《海陆的起源》，在书中他详细地陈述了这一理论，即地球上所有的大陆曾经有一个共同的"母亲"，他称其为"联合古陆"。

然而，以哈罗德·杰弗里斯爵士为首的大多数地球物理学家通过对地震的研究发现，地球内部是完全刚性的，大陆怎么可能移动呢？当时魏格纳的支持者不能提供任何有力的证据来证明大陆运动是可能的。

直到魏格纳死后的 30 年即 20 世纪 60 年代，这种机制才被发现。为

地壳运动示意图

了发展核潜艇技术，不仅需要海面地图，而且需要绘制精确的海底地图。美国海军投入巨资采用回声探测技术绘制海底地图，这种技术用于记录小型爆炸物投入到水中所产生的震动。在此之前人们猜想海底经过数百万年的海水运动和沉积物的磨损，应该是相当光滑的，事实却令人吃惊。

最令人惊讶的发现是，"海底居然有一个连续的山脉，它整整环绕地球一圈。""事实上，这是地球上最长的山脉。"更令人惊奇的是，海底存在断裂带，从与海底山脉成直角的方向被切割成许多块。这个发现意义重大，很显然海底不像以前认为的那么古老，它也与陆地一样受到火山和地震活动的侵袭。1960 年，普林斯顿大学的哈里·赫斯创立了一个新的关于海底变迁的理论，在赫斯看来，海底有洋中脊（海底山岭）和平顶的

水下"岛屿"（被称为"海底平顶山"）。洋中脊很明显正在上升，但是海底平顶山很显然正在沉没，它们的顶部可能曾经升出过海面，山顶可能是曾经受到侵蚀而变平的。这意味着海底岩石的密度比陆地的大，造成它们沉入上层地幔，地幔位于地球表面地壳和地核之间。上地幔和下地幔包含的物质密度从下往上逐渐增加。赫斯相信深海山脉肯定是因为一些内部力量被推上来的，然后再次沉没。他把这视为持续改变海底形状的巨大的"传送带"。海底不是平坦和静止的，而是在不断进行自我改造。

剑桥大学的研究生佛瑞德·凡因听了赫斯的一次著名演讲后，把赫斯理论又向前推进了一步。凡因被派去分析英国测量到的印度洋的地磁结果，之后他获得了一个重要发现，那就是地球的磁场在地球历史上曾发生过多次反转。指南针现在所指的方向是北极，但是当磁场反转时，它所指的方向是南极。科学家发现，火山岩浆冷却成岩石时会捕获空气中的氩气，利用氩气的放射性衰变就可以测出岩石的年龄。加州大学伯克利分校的科学家对岩石年龄的测定结果表明，地球磁场确实大约每百万年反转一次。

1963 年，凡因与他的督学德拉蒙·马修斯得出结论：在海底肯定有两条"传送带"，分别位于洋中脊的两边，滑向一边，每次当磁场反转时造成条形效应。一些科学家所做的进一步的工作支持赫斯和凡因的理论，阐明了海底的相邻部分经常不断地沿着断裂地带的边界彼此滑过对方。更有甚者，构成海底的岩石没有一块的年龄证明是超过 2 亿年的，比大陆的年龄几乎年轻 10 倍。

这种海底的滑动促使许多科学家开始重新思考长期被忽略的魏格纳的单一联合古陆的思想。如果在海底经常发生运动，大陆本身难道就不会移动吗？甚至连极其缓慢的移动也没有吗？许多地质学家和地球物理学家开始寻找能证明大陆确实在移动的证据。一些科学家在研究了 1964 年 3 月在阿拉斯加州安克雷奇发生的一场里氏震级为 8.6 级的大地震后认为，该地震发生区域的陆地上没有大的断层线，那么断层线肯定是在近岸的海洋中。一些地质学家指出，在世界上一些地区，海洋地壳正沉入地球内部，下沉的过程中，甚至可能挤入大陆地壳的下面，把大陆地壳抬起而造成地震。

地球的板块构造论由此诞生。大大小小的板块构成所谓的"岩石圈"，这是地球的外壳。人类生活所涉及的地壳只是岩石圈的顶部，平均约有354千米厚，这些岩石圈板块一直在运动。这种运动已经通过卫星被测量到了。这种运动速度很慢，通常每年不足半英寸（约1.27厘米），但是经年累月加起来，就很可观了。在不同地方，一个板块从另一个板块的上面经过（有时是互相经过对方）会造成板块突然失衡，结果会引发地震。两个板块施加在彼此之上的压力突然变得很大，有时必须释放——当一个板块或另一个板块断裂的时候，会发生大规模的地壳运动。

越进入地表更深处，科学的猜测性就越大。外部地壳在大陆部分为321千米厚，延伸到海底仅仅24千米厚。上地幔主要由橄榄石和过氧化物，还有石榴石等矿物质组成；下地幔也由相似的岩石组成，但密度更大，因为它承受的压力更大。这种高压力和地球深处的高温，是把碳变成金刚石的原因。金刚石在火山喷发中从下地幔喷射出来，被埋葬在熔融的火山岩浆中，冷却后成为玄武岩。科学家利用金刚石，把它放在高压和在实验室中用激光束照射产生的高温环境下，制造出极其少量的高密度的被称为钙钛矿的矿物结构，正是它组成了下地幔。

地幔之下是一个液态（熔融态）

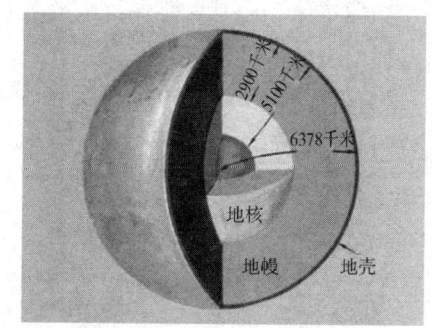

地球构造示意图

的铁和镍的外部核心，以接近太阳内部温度的状态在晃荡着——也许是猜想，有很好的理由相信这个猜想是对的，但是在这么深的地球内部，科学家只能依靠推测。人们猜测熔融的地球外部核心包围着一个由铁和镍组成的固态内部核心。为什么熔融的外部核心不能熔化内部核心？有人猜想可能在一些地方，外部核心地狱般的温度大大下降，这可能应归功于对流（它可以在实验室中以一种低得多的温度产生），造成最热的物质像羽毛一样向上运动，把顶部更冷的物质替换下来，然后这些物质冷却后又下沉到底部。

地球是一个"活"的星球，不仅是因为地球表面是由动植物构成的生态系统，还因为地球表面主要部分被水覆盖，动植物才能在这种平衡的大气系统中繁衍生息。也许因为是在太阳系中地球恰好具有多种条件成为一个固体星球——一个能保留水的具有坚固的表面的世界。

但是，就像宇宙的形成可能会是永远也解不开的世界之谜一样，对于地球深处在发生什么可能也是永远不得而知的。但是即使如此，也不会妨碍人们探究地球深处奥秘的兴趣，因为人对未知之谜是永远抱有好奇心的。

海底黑烟囱

中国科学家在河北省的长城附近采集的矿石标本中，找到了距今14亿年前的海底原始生命的遗迹。专家认为，该发现对揭示生命起源和探寻外星生物都具有积极意义。

北京大学地球与空间研究学院教授李江海在分析从河北省兴隆县离长城约10千米处带回的硫化物矿石时，他和同事借助电子显微镜发现了"已经成为化石的球状和丝状细菌"。

中国科学家研究后认为，这些大小只有几微米，甚至更小的细菌化石，存在于14.3亿年前的"海底黑烟囱"（堆积在海底火山附近的硫化物）中。李江海说："它们（细菌）不但可以适应高温、高压、没有阳光和缺乏氧气的极端环境，而且可能借

助'黑烟囱'喷发的硫化氢等物质，把对普通生命有毒的气体转化为养分。"此次发现的古细菌遗迹在中国已发现的同类细菌中是最古老的，它不但动摇了"万物生长靠太阳"的传统理论，而且为"地球早期生命起源于'海底黑烟囱'"的推论提供了地质证据。

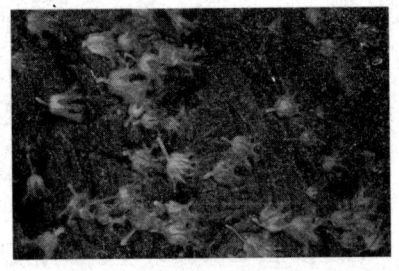

"海底黑烟囱"周围的海底生物

现在，科学界关于生命起源的普遍疑问是，早期地球大气圈缺乏氧气，也没有臭氧层来抵御能杀死陆地和浅海生物的太阳紫外线，原始生命如何在此条件下生存繁衍。对此，中国科学家认为长城脚下的发现支持了"海底深处是地球早期生命避难所"的观点。"接下来尚有大量工作需要开展，包括对野外地质的深入考察，对细菌遗迹特征、类型的甄别。"这位科学家说，"另外，还需要与其他原始生命记录，以及现代'海底黑烟囱'周围的微生物进行对比研究。"

据资料记载，此前，国外一些科

学家曾在现代"海底黑烟囱"中发现大量活动的微生物及其化石遗迹。经过科学测试后证实，这些细菌的基因组是所有地球生物中最原始的。

此外，李江海还认为，在长城附近的发现"还为人类寻找外星低级生命的努力展现了良好前景"。他说，既然早期地球上曾生存着无需氧气和阳光的细菌，那么不排除在其他星球上也将找到这种能忍受"极端条件"的低等生命及其化石记录的可能，"因为它们依靠硫化物的化学合成过程就可以生存。"

这位科学家说，目前国际同行大量的研究表明，在与地球早期环境最接近的火星、木星的欧罗巴卫星上很可能发现此类原始生命的痕迹，"因为这些星球早期都可能有过'海底黑烟囱'的环境，具备早期生命起源和生存的地质条件。"与地表的火山喷发一样，在海底也存在类似的释放热量和能量的地壳运动形式。当海底喷出的岩浆的外围遇到冷的海水时会发生凝固，而内部由于高热和气体喷射，同时未受低温冷却的缘故却继续上升，这样就会形成烟囱状结构，这就是所谓的海底烟囱。

与此同时，海水是存在静水压的，海水每加深 10 米就相当于增加了 1 个大气压。目前已经探明的海底最深处为 12000 米，也就是 1200 个大气压，相当于 120 兆帕，而大多数地方的海底深度都在 3000～8000 米之间，也就是存在 30～80 兆帕的压力。此外，烟囱周围的海水由于受岩浆的加热，温度会升至 200～500℃，甚至更高。这样在海底烟囱附近就形成了一个高温高压的热液区环境。

在如此的高温高压条件下，一些火山气体如 CO_2、CO、H_2S 等在岩浆矿物的作用下会发生反应生成一些简单有机物，包括一些生物分子的合成；随着溶液和岩浆的扩散，在烟囱中心与常温海水之间会存在一个温度场，在离烟囱中心较远温度相对较低的附近区域，生物分子趋于稳定，分子之间通过相互作用可能生成大分子体系，如蛋白、核酸等；在一些特殊的孔状结构的矿物中，新合成的生物分子沿着矿物表面扩展和延伸，则会产生原始细胞膜结构，这种细胞膜在孔状结构中发生闭合，将其他生物分子包裹在一起，这样最原始的生命就以单细胞的形式出现了。

科学家经研究还发现，很多古菌是生存在高热（经常 100℃ 以上）、高盐、强酸或强碱等极端环境中的，这可以解释为古菌诞生于原始地球的极端恶劣环境。在一些高热体系中，如我国云南境内的腾冲热泉和美国黄石国家森林公园中的地热区，都发现有古菌的大量生存。当然也有些古菌能够在沼泽、废水和土壤中被发现。还有一些产甲烷的古菌生存在动物的消化道中，如反刍动物、白蚁或者人类。但是更多的古菌有嗜热倾向，在海底烟囱附近就发现有大量古菌。所以有理由相信海底热液区是地球生命共同祖先古菌的诞生地，也就是说地球生命起源于海底烟囱。

关于这一假说，还有两个侧面的间接证据。其一，地质古生物学研究表明，地球生命诞生于35亿年前，而这个时期地球是频繁遭受大量级的陨石撞击的，这种大规模的撞击事件对地球生物有着致命的打击，其产生的冲击波和热量足以摧毁任何形式的地面生物。这个时候地球最早的生命形式假设是诞生于海底，则无疑可以躲避这种灾难。其二，现有研究表明原始地球大气不同于现在，是缺乏氧气的（氧气含量的大幅度提升大约发生在23亿年前）。没有氧气也就谈不上臭氧层，没有臭氧层的保护，如果地球早期生命是诞生于陆地或地表，毫无疑问其将完全暴露于紫外线尤其是近紫外的辐射之下，这将会导致生物物种的灭亡。相反，如果他们是深藏在海底，则将可以安全地渡过地球无氧期。

据2009年10月28日新华网报道，我国首次用水下机器人发现海底巨大"黑烟囱"。我国自主研制的水下机器人"海龙2号"在东太平洋海隆海底发现罕见巨大"黑烟囱"并成功取样。这使我国成为国际上少数能使用水下机器人开展洋中脊热液调查和取样研究的国家之一。

中国"大洋一号"科考船使用"海龙2号"太平洋赤道附近洋中脊扩张中心，找到高26米、直径约4.5米的巨大"黑烟囱"，并用五功能机械手准确抓获约7千克"黑烟囱"喷口的硫化物样品，顺利置放在样品框中带回科考船进行研究。

海底"黑烟囱"是指富含硫化物的高温热液活动区，因热液喷出时形似"黑烟"而得名。海底热液活动区被视为海洋科学近几十年来最为重要的科学发现之一，寻找海底"黑烟囱"并对硫化物进行分析，也是"大洋一号"科考的重要任务。

据介绍，"海龙2号"是我国自主研制的水下机器人，高约3.8米，长宽均为1.8米，能最大提取250千克的物品，是我国当前仅有的能在3500米水深、海底高温和复杂地形的特殊环境下开展海洋调查和作业的最高精技术装备。

海底烟囱又称海底烟筒。在大洋

中脊或弧后盆地扩张中心的热液作用过程中，由于热液与周围冷的海水相互作用，使热液喷出口附近形成几米至几十米高的羽状固体—液体物质柱子，形似烟囱，故名。

因组分和温度差异，形成黑、白两种不同的烟囱：一般海水温度达300～400℃时，形成黑烟囱，是暗色硫化物矿物堆积所致，主要矿物有磁黄铁矿、闪锌矿和黄铜矿；而温度为100～300℃时，则形成白烟囱，主要由硫酸盐矿物（硬石膏、重晶石）和二氧化硅组成，在烟囱附近散落有暗色硫化物和硫酸盐矿物并形成基地小丘、分散小丘等。

海底烟囱，可反映热液作用不同阶段的物质来源和温度条件，在其附近水温达300℃以上，压力亦甚大，但周围生长有许多奇特的蠕虫、贝类生物群体，似白烟雪球。它们有时会消失得无影无踪，可能与热液喷口周围温度及物质变化有关。这种生物现象，被认为是当代生物学的"奇迹"，已有不少学者以此作为探索生命起源和演化的重要场所。

火山爆发是可怕的自然灾害，具有惊人的杀伤力。1815年，当印度尼西亚的松B瓦火山爆发时，整个爪哇甚至加里曼丹、新几内亚和澳大利亚也都听到它喷发的声音，火山喷射

最厉害的火山爆发之一

物甚至飞落到离该火山460千米远的苏门答腊海岸。

1883年，当印度尼西亚的克拉卡陶火山爆发时，地下爆炸所产生的冲击气浪竟环绕地球转了3圈。克拉卡陶火山爆发的吼声，传到了周围数千千米远的地方；海水先是打着漩儿迅速退离海岸，然后又以排山倒海之势猛冲上岸来！因海底爆炸而掀起的滚滚巨浪，冲过太平洋，一直抵达美洲和非洲海岸，并绕过好望角冲到了英国和法国海岸！高达30～40米的海浪撞击在英吉利海峡两岸，吞没了这一带的村庄和森林，冲倒了阻挡它前进的山丘！因这次水灾而死亡的人数多达3.6万余人。

事后，目睹这次灾难的一些海员们说，当时，他们的轮船正停泊在苏门答腊岛的海湾里。突然间，只见可怕的乌云遮住了太阳，火山灰铺天盖地地从天而降，后来竟变成了油乎乎

的黏东西。海员们感到呼吸困难，透不过气来。天色越来越黑，海面像开了锅似的沸腾不止。当时，许多海员都认为世界要完蛋了！

这次火山爆发后形成的大量尘埃向西方运动。一个月之后，火山灰形成的乌云绕地球上空一圈，又过了两个月以后，整个地球的大气层里都充满了火山灰微粒，使全世界一度变得天昏地暗。甚至在好几年内，在欧洲仍可以观察到火山灰云。

据统计，在最近 9000 年以内，地球上一共发生过大约 5500 次火山爆发事件。其中某些火山的大爆发，甚至改变了地球上一些地区的历史进程。例如，公元前 1470 年地中海的圣托林岛上发生过一次强大的火山爆发，竟毁灭了这个古代文明社会。有些人认为，关于大西洲的神话传说就是因这次灾难而产生的。

火山来自"乌勒坎"一词，在拉丁语中是"火"和"火焰"的意思。在古罗马神话中有一位"火神"，它是分管火与铁匠的神仙（不过，应该在古希腊神话中寻找它的"家谱"——就和罗马万神殿里的诸神一样；在古希腊神话里，火神与赫菲斯特是一个人）。古人相信，火神在地底下有一个打铁坊；他们甚至还能知道它的准确位置在位于意大利海岸附近蒂勒尼安海里的一个不大的岛上。

这个岛上有一座山，山顶上有一个深深的陷坑。每当火神在自己的打铁坊里开始工作的时候，山口里就吐烟喷火！于是，罗马人就把这个岛连同岛上的那座山，通统都叫做"乌勒坎诺"——火神。

后来人们就将凡是吐烟喷火的山都叫做"乌勒坎"——火山了。从这个词又引申出了"火山学"——专门研究有关火山情况的一门新学科。

历史文献上说，早在公元前 500 年左右，人们就对研究火山发生了兴趣，研究火山的第一位"冠军"，是来自阿格里琴托（意大利西西里岛上的一个城市）的希腊唯物主义哲学家恩培多克勒。

恩培多克勒关于万物皆由四个"根源"（即土、水、空气和火）所组成的学说，在以后好几个世纪里得到了几代哲学家们的不断发展。在古希腊罗马哲学中，恩培多克勒最早阐述了大自然中诸矛盾的辩证思想。他认为，诸元素的结合与分离都是"爱"和"憎"这两种不可调和的力量相互斗争的结果。有人还说，恩培多克勒天才地悟出了动物进化的规律性——达尔文将其总结出了生物进化论的这个无可辩驳的自然选择规律。

为了认清火山的本来面目，这位伟大的古希腊哲学家的晚年，一直是在西西里岛上的埃特纳火山旁度过的。据有关人士推测，恩培多克勒本人就是在公元前430年的埃特纳火山爆发中不幸身亡的。那次火山爆发时所形成的火山口，现在就叫做"哲学家之塔"。

地球上大约有几千座火山——正在活动着的火山，很久以前或不久以前爆发过的火山，沉睡的、说不定是什么时候就会爆发的死火山。其中的某些火山已经变得面目全非了，只有科学家们根据种种迹象才能判断出它们曾经是火山。

太平洋诸岛和沿岸地区的火山特别多。科学家们开玩笑地把它们统称为"火项链"。这个"火项链"包括了堪察加、千岛群岛、日本、菲律宾、印度尼西亚、新西兰和美洲西海岸等地区的所有火山；最后，这条"项链"在阿拉斯加和阿留申群岛一带合拢在一起了。

火山的活动期和"沉睡"期是交替进行着的；有时，它竟要"沉睡"数百年之久呢！然后，说不上哪一天又会突然"醒"过来。公元79年，维苏威火山就是如此；1952年，千岛群岛中的一个岛上的克列尼增火

山也是如此——人们都以为它是一座死火山呢，却突然爆发起来。

地质学家们知道，有些地方看起来根本不是火山，但实际上却不然，有时看来只是个小山丘，但昔日在这里的确曾有过惊天动地的火山爆发。

在上述地区，人们通常能发现一些丰富的金属矿床——凝固在地球表层不很深处的岩浆矿脉。因此，古火山地质学家对古老火山的研究是特别仔细的，并且竭力搞清它们在矿区形成中所起的作用。

用通俗的科学理论来说的话，对火山活动可以做出以下解释。

地球内部的温度非常之高，压力非常之大。据估计，地心的温度可高达4000～5000℃。地心的压力就更加难以想象。据推测，在如此高压下，即使温度再高，组成地核的物质仍然是处于固体状态的；只有地核的"外部"才呈现出液体状态。在接近地面的那些地方——在地壳内或科学家们称作地幔的地层内，温度要低一些，压力也大大减小；于是，在这里就可以产生形成火山源的条件。岩浆就是在这里形成的——由组成地幔和地壳的那些物质熔化后而形成的。因为地壳的成分中有80%都是硅酸盐，所以岩浆主要是由熔化了的硅酸盐所形成的。

地球外壳是从来没有停止运动的，大陆板块在缓慢地移动，不停地上升或下降，由此而形成了一条条深深的裂缝和通道；而这些裂缝与通道中灌满了岩浆。岩浆在其中被周围物质挤压着，只得沿着空隙奔流不止，最后就以岩脉的形式凝结了；岩浆在上层障碍比较薄弱的地方冲出地面来，于是便形成了火山爆发。

岩浆里含有大量气体，当它到达地壳表层时，这些气体就首先喷出地面。正因为如此，每当火山开始爆发时，火山口上空总是首先升起烟柱——它是水蒸气、热气和火山灰的混合物。

和"烟柱"同时冲出地面的是一些火山灰和石块之类的杂物。火山内部的压力是如此之大，以致能使其中的石块像炮弹似的弹上8～9千米的高空。然后才喷出岩浆，炽热的、耀眼的和沸腾着的岩浆溢出火山口，一条条火河冲下山坡来，烧毁了它前进道路上所遇到的一切东西。

人们将溢出地面的、排泄了其中大部分气体的岩浆称作熔岩。

考察结果证明，火山源常常是在50～100千米深的地壳中形成的；但是，也不排除下列情况：火山源"吞食"着从更深处——地幔与地壳分界处上升起来的物质，而这些地方大约

火山喷发流出的岩浆

要深达3000千米！

由此可见，火山爆发的基本"起动机制"与岩浆中的气体积累情况有关，当岩浆中的气体压力高于压迫它的地层压力时，一场可怕的火山爆发就在所难免了！

英国科学家认为，人类有可能在一次超强度的火山喷发中毁灭。大不列颠公共大学的斯蒂芬·塞尔夫在一次答杂志记者问时称，目前还没有任何办法可以阻止这种灾难。当前科学家们正在忙着制定种种抵抗"外部威胁"的战略，比如说如何阻止小行星同地球相撞，却很少去考虑主要危险有可能来自地球内部。

地球物理学家们断言，有些火山的喷发强度要比过去的大好几百倍，而且地球在出现文明前不久曾经历过如此大规模的灾难。

美国地质学家早些时候曾在黄石国家公园发现了不太深的火山灰死

层，认为其形成的原因是发生在 62 万年前的一次超级火山喷发，结果是至今这里还可以见到一些漏斗形的大坑，它们都是那些毁灭性火山喷发后形成的火山口。

在写给英国政府自然灾害工作小组的报告中，对这种超级火山喷发所造成后果曾有过详细的描述：很大一片地域会被熔岩覆盖，而且撒向大气层的尘土和灰烬将会使不少阳光到达不了地球表面，这无疑会使全球性的气候发生变化。

据纽约大学的迈克尔·拉姆皮诺称，发生于 7.4 万年前的苏门答腊火山的超强度喷发曾导致全球变冷和北半球 3/4 的植物毁于一旦。

中国最早记录的活火山是山西大同聚乐堡的昊天寺，它在北魏（公元5世纪）时还在喷发（据《山海经据》记载）；东北的五大连池火山在1719 年至 1721 年，还猛烈喷发过，其情景是"烟火冲天，其声如雷，昼夜不绝，声闻五六十里，其飞出者皆黑石硫磺之类，经年不断，热气逼人30 余里"（据《宁古塔记略》）；1916 年和 1927 年，台湾东部海区的海底火山先后爆发过两次，呈现出"一半是海水，一半是火焰"，蔚为壮观；

1951 年 5 月，新疆于田以南昆仑

汤加海底火山爆发

山中部有一座火山爆发，当时浓烟滚滚，火光冲天，岩块飞腾，轰鸣如雷，整整持续了好几个昼夜，堆起了一座 145 米高的锥状体；至于台湾北部海拔 1130 米的活火山——七星山，迄今还在喷发着大量硫磺热气体。

2008 年 5 月 2 日，柴滕火山突然活动加剧，喷发出大量气体和火山石，与此同时开始喷射岩浆。火山爆发还引发了地震，周围的居民被紧急疏散。科学家通过研究揭开了柴藤火山爆发如此迅猛的原因。

柴滕火山邻近柴滕市，位于智利首都圣地亚哥以南约 1200 千米。柴腾火山喷发如此突然，主要是因为它属于流纹熔岩火山。这种火山的岩浆富含二氧化硅、处于不断的流动之中，经过一段时间的能量积累后，很容易在瞬间爆发。当时，火山附近的柴滕、富塔莱乌富及帕莱纳等区市的8000 多居民在智利军警的帮助下成功撤离。但是，科学家警告说，生活在其他地区流纹熔岩火山附近的人可能未必就这么幸运了。瞬间发生的火山喷发使人们没有逃生的时间，很快会将他们的家园吞噬。

根据英国《自然》杂志发表的研究报告，柴腾火山的岩浆以每秒钟3米（约0.9米）的速度向上喷涌，在大约4小时内从深度超过5千米的地下喷发到火山口表面。柴腾火山的巨大破坏力和爆发突然性及其罕见程度，使它成为第一个能够利用科学手段进行评估测度的流纹熔岩火山。然而，还有很多巨大的流纹熔岩火山区分布在美国的怀俄明州、加利福尼亚州和墨西哥州以及日本诸岛和新西兰的陶波火山带等地。科学家认为，尽管流纹熔岩火山喷发并不常见，研究结果对于增强对潜在活火山喷发的监控仍然具有重要的预警作用。

最新科学发现表明，火山喷发产生的气体可能是过去5.45亿年间大量物种——包括恐龙——灭绝的原因。

现在印度境内的德干岩群是一系列火山喷发活动后的产物。6500万年前的火山喷发使空气中充满硫磺，并对地球的气候造成了极具破坏性的影响。

大型的火山喷发还形成了"洪流玄武岩"，并且是造成史上周期性大量物种灭绝的两个主要原因之一。

另外一个原因是小行星活动的影响，这被认为是6500万年前恐龙灭绝的最重要原因。

从前，研究人员对火山的杀伤力一直心存怀疑，因为他们不知道火山喷发究竟能释放多少有毒气体。但是在对德干岩石的研究中，一支英国考察队发现了至关重要的线索，揭开了原始火山气体成分的神秘面纱。

他们在《科学》杂志上撰文总结道，火山喷发释放的含有大量硫磺和氯气的气体，很可能对环境产生"严重"影响，"在大片洪流玄武岩形成的同时，许多物种神秘地消失了"。

美国黄石公园

美国黄石国家公园位于美国西部北洛基山和中洛基山之间的熔岩高原上，处于美国西北部怀俄明、蒙大拿、爱达荷三州交界处。1872年3月1日被正式命名为"保护野生动物和自然资源"的国家公园，它是美国第一个国家公园，也是世界上最大的国家公园。这是一片广阔而洁净的原始自然区，分布在辽阔的洛基山脉。丰沛的雨水和降雪，使这里成为美国众多大河的发源地。黄石国家公园的显著特征之一是地质方面的地热现象，这里拥有比世界上其他所有地方都多的间歇泉和温泉、彩色的黄石河大峡谷、化石森林以及黄石湖。黄石公园的文明史可以追溯到 12000 年前。公园 99% 的面积都尚未开发，从而大量的生物种类得以繁衍，这里拥有陆地上最大数量的、种类也最多的哺乳动物。黄石国家公园同时还是灰熊、狼、野牛和麋鹿等野生动物的乐园。

黄石公园景色

黄石公园占地 8956 平方千米，平均高度海拔 2438 米，公园的中部是一片茂密的森林，周围环绕着壮丽的加勒廷山支脉。这里的山峦形态各异，有硫磺山、石英山、熔岩山，无数的湖泊在其间闪烁，将它们彼此串连在一起的是大大小小的河水与溪流。这些小河与溪流一直汇入主要的大河，顺其自然地分为两脉，一路向东一路向西，奔往两个遥远的海洋。

黄石公园内大致分为北、中、南三部分，共有五个出入口，分布在东

南西北。连接景区的公路呈一个巨大的"日"字形。西北角上的是"蒙玛热泉区"，东北角上的是"塔瀑区"，中西部是"诺里斯间歇泉区"，中东部是"黄石峡谷"，西南部是著名的"老实泉泉区"，而南部是"黄石湖区"。

黄石公园自然风光绮丽，最为迷人的就是大约 1 万处热水温泉和 300 多个间歇泉。在公园成千上万的温泉之间，有着世界上最为猛烈的间歇泉，它们既美丽又可怕，它们的泉眼仿佛巨型花朵，异彩纷呈并且深不见底。灼热的彩泥泉、泥泉、泥火山以及泥糊泉中充满了各种颜色的黏稠泥浆，在一起翻滚沸腾，发出"咕嘟"、"叭叭"的巨响。这些地热奇观是世界上最大的活火山存在的证据，大自然在黄石公园展示着鬼斧神工的杰作。因此，它也被人们称为"神奇的山地"。

黄石国家公园是一个巨大的休眠火山口，这个活火山在人类历史上还没有爆发过，但在地质年代里曾经爆发过三次，最后一次爆发大约在 60 万年前。从火山口中喷发出来的物质将这片 1 万多平方千米的区域全部覆盖，厚度至少有 1500 米，形成大片的玄武岩、安山岩、流纹岩等。在紫晶山的北侧，有一面 609 米高的岩

壁，上边是一层层有粗有细的沙子、火山灰及固体混合物，它们那毛糙的外表构成了一个奇妙的岩石层剖面，界限清晰，简直就是展示地球数百万年历史变迁的教科书。

在这块岩壁的每一层中，可以看到15至20层久远年代森林的树木和残桩，它们层层覆压，有的仍旧矗立在它们生长的地方，有的则只是一片残枝断干。它们在数千个世纪之前曾随风摇曳，如今却寂然无语，化作坚硬的晶体，向人们展示昔日气候与生活的壮观景象。火山频繁爆发，在黄石地下构成了犹如迷宫般的水系。山谷里，温热的泉水喷涌而出，时疾时徐，姿态各异。为了保护游客和公园的自然地貌，所有泉水区都铺设了离地约70厘米高的木板路桥供游人行走。当人们行走在温热泉水的木板路桥上时，一股浓烈的硫磺味直刺鼻孔，有一种快窒息的感觉，有时候还会听见木板下面有"滋滋"的响声，那是下面微小的孔在冒水汽。

黄石公园中最大的温泉是"大棱镜泉"，直径超过110米，从里向外呈现出蓝色、绿色、黄色、橙色、橘色和红色等颜色。这是因为水温不同，使不同颜色的细菌生息其中，所以颜色也呈现同心圆的变化。而"龙口"泥浆温泉则是另一番景象，泉眼在一个山洞口，那里更像是龙的嘴巴，在大口大口地吐出滚动的泥浆，发出低沉的轰鸣声。

大棱镜泉景色

然而，黄石公园最独特的还是被称为世界奇观的300多处间歇泉，几乎占全世界间歇泉的一半以上。间歇泉是地下岩浆运动的结果。岩浆在地下将水加热，形成大量水蒸气，体积膨胀产生压力。这时，如果泉水涌出地面的通道细长狭窄，并且被温度较低的水堵住，水蒸气就会越聚越多，压力越来越大，终于到了堵塞不住时，就会像火山爆发似的喷出来，形成高高的水柱，霎时热雾弥漫、水沫飞舞。在大量水蒸气喷出后，地下的压力减轻了，泉水恢复了常态，等到水蒸气聚集多了，将再一次喷出。因此，这些天然的喷泉水总是间隔一定的时间喷发一次，很有规律。

在数不胜数的大小喷泉中，以"老实泉"最为著名。它是以它始终如一的"忠实"受到世人的称颂。每隔66.5分钟喷发1次，每次持续5分钟，因而得到"老实泉"这个名字。老实泉喷泉一般20多分钟喷出1次，每次历时约4分钟。它不喷则已，一喷则如万马奔腾，喷得最高最美之时是前20秒，每次共喷出大约93℃的热水约20吨，高度达40～60米。滚烫的热水遇冷气后又在空中凝结成白色云柱，在阳光辉映下，闪出七彩颜色，壮观中还透出些许妩媚。一年四季，老实泉喷泉都按此规律不竭地喷涌着，从不出错，游人们来到黄石，必以一睹为快。最近，黄石的地热有稍微北移的迹象，老实泉也许真的老了，每次喷发的平均间隔时间越来越长了。

许多书中都说，老实泉很准时，其实它并不是如此准时。按照公园1997年观测记录，老实泉两次喷发之间间隔的时间为35～120分钟；每次喷发持续的时间为1.5～5分钟，都有长有短，而且将来还可能有变。1998年1月9日，黄石公园地区发生轻微地震后，老实泉平均间歇时间从74分钟增至80分钟，但一些长期休眠的喷泉又开始重新活动起来。

从1872年开始，公园管理处对黄石公园采取"以火管理"的政策，只要不是人为因素造成，且不危及人的生命及财产，园内的巡逻员都不干涉，让它自生自灭。

森林火给整个生态系统带来的好处很多，其中最重要的一条是营养物的再循环。如果没有森林火，这里的许多物种有可能会慢慢"饿死"。有些地区经历了两个多世纪的堆积，平均每半公顷土地就拥有45吨干燥物质。它们越积越厚，使原有生物群落很难发展与更新，新的物种更无插足的余地。一场大火过后，把土地裸露在阳光之下，黑灰大量吸收了太阳的热能，成为催发种子的最好温床。火舌在烧毁野草和灌木的同时，也吞噬了妨碍植物生长的病虫害以及有碍植物发芽生长的化学物质。浓烟覆盖在临近的地区，也可以杀死森林中的一些病原体，因此间接保护了没有过火地片的森林。炽热的大火还烤裂了岩石，又为一些喜爱阳光的拓荒树种开辟了道路。

在自然演化过程，生活在黄石国家公园的很多植物和动物，已经适应了间歇周期较长的大火，甚至其中有些物种，还必须以火来保证它们的生存和繁衍。例如扭叶松是黄石及其周围国有森林中的主要树种，它喜欢阳光，生长迅速，能适应周期性的野火。但这种树的幼苗不能在浓密的树阴下成长。如果没有森林火为其扫清道路，则喜欢在树荫下成长的冷杉、云杉等植物将成为优势群落，甚至取扭叶松而代之。据科学家的研究，扭叶松为了适应间歇野火的环境，具备一种特有的"生态策略"，即成熟的扭叶松都生长有两种球果。一种是开放性的球果，每年都随着球果的成熟而把种子散落在地上。但由于接触不到阳光，大多数种子无法发芽，只有树冠遭受病虫害或者被大风吹疏的时候，才有少数种子可能萌芽成活。但扭叶松还有另一种球果，被树脂所封裹，需要 113℃ 的高温才能熔化。而在寒温带的黄石高原上，只有森林火才可能达到这种温度：这种球果是为了等待这样的时机而可以在树上呆上一二百年。再说，森林火把一切化为灰烬的情况并不多见，一般只是使森林稀疏一些，为生物的"新陈代谢"和"推陈出新"创造条件。就像狼追捕北美驯鹿一样，森林火只吞食那些软弱有病的、不太适应的、或是运气不佳的植物。而这些死里逃生的强者，却摆脱了许多竞争的对手，获得了充足的阳光、营养和水分而成为天之骄子；它们既为树木更新提供了树种，又为耐阴植物充当了凉棚。大火过后的第一个春天，黄石公园第一批扭叶松、黑松和其他幼苗就陆续破土而出。又一轮生命循环开始了。很

快，遮天蔽日的参天大树又将成为这里的主体。

五大连池

除了美国黄石公园属于火山型地质森林公园外，我国也有火山活动造成的地质森林公园，如著名的五大连池风景区暨五大连池世界地质公园。该公园位于我国黑龙江省的中北部，地处小兴安岭山地向松嫩平原的转换地带。地质公园与五大连池市、孙吴县、嫩江县、讷河市毗邻，总面积 1060 平方千米。2000 年，黑龙江省政府设立了五大连池管理委员会，赋予其独立的县级政府职能，行政隶属黑河市人民政府，负责五大连池的资源保护与风景区开发工作。

在五大连池世界地质公园 1060 平方千米的景区内矗立着 14 座新老火山，喷发年代间距很大，由史前的 200 多万年到近代的 280 多年前，为世界少见。据《黑龙江外记》记载："墨尔根（今嫩江）东南，一日地中忽出火，石块飞腾，声震四野越数日火熄，其地遂成池沼，此康熙五十八年（1719）事。"《宁古塔记略》中又载："离城（德都）50 里有水荡，周围 30 里于康熙五十九年（1720）

六、七月间，忽烟火冲天，其声如雷，昼夜不绝，声闻五六十里，其飞出者皆黑石、硫磺之类，经年不断，竟成一山，直至城郭。"

五大连池景色

五大连池拥有世界上保存最完整、分布最集中、品类最齐全、状貌最典型的新老期火山地质地貌。14座拔地而起的火山锥，山川辉映，景色优美；石龙、石海、熔岩瀑布、熔岩暗道、熔岩钟乳、熔岩旋涡、象鼻熔岩、翻花熔岩、喷气锥碟、火山砾和火山弹等微地貌景观，千姿百态，被科学家称为世界三大"天然火山博物馆"和"打开的火山教科书"。五个如串珠般相连的湖泊，是最新期火山岩浆填塞了浩瀚的远古凹陷盆地湖乌德林池而形成，五大连池也因此而得名。它是我国第二大火山堰塞湖，池岸曲线变化复杂，景观效应极佳。这里的铁硅质重碳酸钙镁型的矿泉水，是蜚声中外的世界名泉，享有"神泉"、"圣水"的美誉，和法国的

维希矿泉、俄罗斯北高加索矿泉并称为"世界三大冷泉"。它在民间已有上千年的医用、饮疗和洗疗历史，对康复疗养和人类的健康长寿具有神奇的功效。

目前，五大连池已荣获"世界地质公园"、"世界人与生物圈保护区"两项世界级桂冠和11项国家级荣誉。11项国家级荣誉是：国家自然保护区、中国矿泉水之乡、最具潜力的中国十大风景名胜区、中国旅游胜地四十佳、中国著名火山之乡、中国生物圈保护区、国家自然遗产、国家重点风景名胜区、国家森林公园、国家地质公园、国家 AAAA 级风景旅游区。现在已开发12大观光区、8大奇观、400多个景点。得天独厚的地质资源为五大连池创造了举世罕见的六大自然环境：有世界上最纯净的天然氧吧；有世界上品位最高的具有医疗保健作用的磁化矿化电荷离子水；有集保健、美容、医疗于一体的矿泉洗疗、泥疗区；有天然的火山熔岩台地——太阳热能理疗场；有功能最齐全、规模最大的富有 1000～3000 伽玛峰值的火山地质全磁环境；有不受任何污染的纯绿色矿泉系列健康食品。由此形成了世界上综合条件最完善的自然环境理疗基地。

与五大连池火山类似的世界著名

火山有美国夏威夷火山、印度洋中的留尼旺火山、法国的中央高地火山和东非裂谷乌干达境内的托罗—安科尔火山。这几座世界著名的火山与五大连池火山的岩浆都属基性，其火山活动方式均属于夏威夷式喷发，火山喷发后形成的火山地貌景观也基本相似。但是，这几座火山的规模虽然比五大连池火山规模大，但是，五大连池火山地貌更齐全、更集中、更典型。比如在这几座世界著名的火山附近，均未形成火山堰塞湖，而且除法国中央高地火山区外，均未发现矿泉，喷气锥、喷气碟更是少见，仅在印度洋中的留尼旺火山区偶见个体矮小、发育形态不完整的喷气锥、喷气碟。相比之下，五大连池火山形成的山川辉映、水火相容的火山地貌景观更具特色，而翻花熔岩中发育完整、保存完好、多姿多态、数以千计的喷气锥，在世界上更是绝无仅有，可谓世界奇观。

五大连池风景区的堰塞湖面积达18.7平方千米，池水最大深度27~31（二、三池）米，池水容积1.57亿立方米。由当地14座火山于1719和1720~1721年两次喷发喷出的玄武岩流堰塞纳谟尔河支流白河河谷所形成。河水阻塞形成5个串珠状排列的湖泊。自南而北依次为头池、二

五大连池火山口

池、三池、四池、五池。五池池池相连，长5250米；四池、五池为泥沙底；三池部分为泥沙底，部分为熔岩底；二池大部分为熔岩底，少部分为泥石底；一池全部为熔岩底。本地区河流发育不良，无大河流，水流量较小，主要河流有：石龙河（白河）、药泉河、药泉河。湖区风景秀丽，附近的火山喷火口保存完好，熔岩表面流动痕迹仍清晰可见。

五大连池的湖泊水温5月中旬上升至10℃以上，9月下旬降至10℃以下，最高水温在7月（20~26℃）。五大连池计有鱼类共10科39种，常见的种类有鲫鱼、鲤鱼、鳖条、鲢鱼、鳙鱼、草鱼等。20世纪90年代，五大连池共鉴定出浮游藻类74属177种。

1982年，五大连池以黑龙江五大连池风景名胜区的名义，被国务院批准列入第一批国家级风景名胜区名单。中国目前已建立12个火山地貌

景观类型的国家公园，但只有五大连池风景区被选入世界地质公园之列。

五大连池境内的沾河国家森林公园是我国最大的森林湿地，大沾河漂流享有"神州第一漂"的美誉。五大连池境内的重碳酸、偏硅酸、弱碱性矿泉水各有千秋，宜饮健身，宜浴疗疾；人均拥有淡水资源超过4000立方米，是中国宜居城市标准的4倍。偏硅酸矿泉水已引入市区作为居民生活饮用水，使五大连池成为继法国维希之后世界第二、亚洲第一个矿泉城。由于火山地质形成的强大全磁环境和特殊的植被生态作用，空气清新纯净，负氧离子含量高于一般城市10多倍，是天然大氧吧。城市道路宽阔、市容整洁，建筑风格迥异，绿化、亮化工程让人赏心悦目；商场、酒店鳞次栉比，公共服务便捷热情，吃、住、行、购、娱等城市配套功能日臻完善。这里是国家商品粮基地之一、重要的木材生产基地、中国唯一的矿泉水之乡、中国十大休闲城市、中国县域旅游百强县及中国最佳保健养生城市。

全市草原面积达1735平方千米，林地面积3495平方千米，木材蓄积量64万立方米，主要有落叶松、柞桦、杨树等10余种树。野生动植物资源极为丰富，有熊、犴、鹿、飞龙等珍贵野生动物。盛产蕨菜、都柿、黑木耳、猴头、金叶菜、蘑菇等天然绿色产品和人参、刺五加、贝母、五味子、黄芪等上百种名贵中药材。品位在99.7%的脉石英矿，储量在20万吨。花岗岩、珍珠岩、玄武岩、火山砾、河流石、黄沙等储量在4亿立方米以上。

大沾河是沾河主流的俗称，发源于小兴安岭主脉的沾河顶子，流汇于逊毕拉河，全长260千米。它水流湍急，穿行于崇山峻岭之中，冲击于悬崖峭壁之底。沾河流域大多为无人区，生态环境一直保持着原始状态，两岸风光景色宜人，怪石林立，奇景延绵不绝。夏日河水清澈透明，水流急缓相间，极富浪漫神奇色彩。顺水漂流既可饱览郁郁葱葱的丛峦叠嶂，又可在碧水间甩钩垂钓，怡然自得，恰似桂林漓江仙境，漂至急水湍流处，好似长江三峡浩荡汹涌，险象环生，别有一番惊险的刺激，动人心魄。冬季，这里是银装素裹，冰雕玉砌。茂密翠绿的红松母树林，苍翠高耸的兴安落叶，亭亭玉立的白桦，傲然挺拔的青杨等针阔混交林，在阳光下交相辉映，两岸栖息着马鹿、黑熊、野猪、狍子、猞猁、飞龙、山鸡、灰鹤、野鸭、鸳鸯等上百种珍贵野生动物。河里鱼类资源丰富，盛产哲罗、细鳞、大马哈鱼等珍贵冷水鱼。林下有党参、贝母、地龙、五味子、刺五加等大量野生经济植物药材400余种。黄瓜香、黄花菜、蕨菜、广东菜等山野菜，木耳、猴头、蘑菇和松籽是本地区的土特产品，是纯天然绿色食品。

连环湖，俗称"圈儿泡"，在二可河林场施业区的都鲁河大湾谷开阔处，面积800公顷。早年这里是都鲁河河床，后都鲁河改道，"凹"部分成了遗留下来的深沟，一个个圈汀也就成了圈泡子。这里有名的水泡就有10多处，如月牙泡、鲫鱼泡、大雁泡、天鹅泡、卧犴泡、狗鱼泡、对泡等，不知名的有近百处。连环湖最神奇之处在"转心湖"，转心湖有一个湖心岛，人称浮岛。浮岛面积约4万平方米，环岛水面约为40余米。遇南风浮岛则靠近北岸，北风吹则靠南岸，东风吹则西，西风吹则东，因此得名转心湖。岛上生长着百年生的落叶松和婷婷白桦，青松白桦蓊郁闭合，不仅给浮岛增添奇观，还为野鸭等水禽创造了良好的栖息场所。每年冰雪融化绿树成荫之时，乘防火飞机低空鸟瞰圈泡，景色分外壮观。

沾河林区北营林场以东的都鲁河西岸，是历史上火山爆发的中心区域，此处熔岩兀立，奇石遍野。突然从半山腰处流淌出一股泉水，四季长流不息。不知是哪一年，游猎在沾河林区的鄂伦春人发现此泉能医治多种疾病，于是这里成了鄂族人的"露天医院"，因此称此山为药泉山，称此泉水为"神水"。药泉山的山坡上曾有一座古庙，后来鄂族逐渐定居，加之此处交通不便，古庙年久失修而倒塌。50多年前尚存庙柱。凡到此治病都要向神水叩拜、焚香祷告，再后来，来此治病的鄂家人则每人垒起一堆石块，以表示对神水的敬意。

经多次考察证实，此泉属低温矿泉水，所含矿物质与驰名中外的五大连池药泉水低温矿泉水所含矿物质有相似之处，具有宝贵的开发利用价值。

在沾河林区腹地，生长着一种俯卧爬行的树，名曰"爬松"。爬松常年呈绿色，状如红松的一条枝，一般长度为1米左右，最长也不过3米，其根所在岩石缝里，其树身蔓状地爬在岩石上面，一片片地盖满了它们生长的地方，别具风姿，奇特好看。爬松属稀有珍贵植物，属松柏种，灌木类。

黑河的气候特征是冬长夏短，低温冷湿，年平均气温0℃左右，1月份最冷，平均气温零下42℃；7月份最热，平均气温21℃，最高达38.2℃。

最佳旅游时间为每年的 5~9 月。

冰河期之谜

现在人们对"冰河"这个词已经十分熟悉。2009 年最大的新闻，就是在哥本哈根举行的联合国世界气候大会。人们相信，随着几百年工业化发展，气候恶劣变化的趋势越来越明显，许多冰川可能在很短时间内全部融化。

北极冰川

在过去 3.5 亿年间，地球上曾经出现过多次极其寒冷的冰河期，而位于两个冰河期"山峰"之间的较为暖和的"山谷"便是间冰期。恐龙生活了 2.5 亿年，当它们在地球上悠闲地"散步"的时候，地球比现在热得多，那时候绿树还长到北极附近。据推测，最后一次冰河期结束于 1.2 万年前。大约 2 万年前，天气是如此晴朗，河马还在英格兰东南部赫特福德郡漫游。

让·路易·阿加西这个瑞士科学家起初是一个动物学家，后来成为现代地质学的奠基者之一，1846 年移居美国后成为哈佛大学的教授，他的思想影响了一代科学家。当他于 19 世纪 30 年代在瑞士阿尔卑斯山研究冰河的时候，他注意到阿尔卑斯山最近缩小过，并发现了在英格兰到处都能找到的牡蛎壳化石。他因此得出结论：冰河曾经覆盖的地区远不止阿尔卑斯山和北部地区。后来，随着地质学家的继续挖掘，更多的这种含有化石的地层被发现了。这意味着冰河有好几次沿着欧洲和北美洲向南部移动，每次开始新的移动之前都隔了一段很长的时间。一种对地球过去的新的认识诞生了：地球曾经遭遇过多次的冰河期。

20 世纪 20 年代，南斯拉夫数学家米卢丁·米兰科维奇精确地计算出了影响地球在太空运行的三个重要因素。第一，地球以椭圆轨道运行而不是正圆——它的轨道更像一个鸡蛋的卵形而不像一个篮球的圆形。另外，这个轨道会从椭圆形逐渐向圆形转变，然后又变成椭圆形，这个周期为 10 万年。第二，地轴是倾斜的，与铅垂线方向的倾角在 21.5~24.5 度（目前正在这两个极值的中间）之间变化，变化周期为 4.1 万年。第三，地球还围绕地轴作螺旋形自转，就像一个"摇头晃脑"的陀螺，这种摆动称为"岁差"。它保持 2.2 万年的周期，另外每隔 1.9 万年会出现一次小的跳跃。

米兰科维奇认为当"岁差"周期和倾角周期达到它们的极端的时候，到达地面的太阳能将大大减少，冰河将再一次开始扩张。科学家们尽管对影响地球环绕太阳运行的椭圆轨道的 10 万年的周期感到有些怀疑，但还是认为它是有道理的。地球公转轨道从椭圆到圆再到椭圆变化的幅度小于 0.3%，这相对于宇宙尺度来说是微不足道的。但是，人们知道地球大气容易受极其微小的因素影响，因此即使利用最先进的计算技术，要想预报范围小于 482 千米（300 英里）区域的长期天气情况也是很困难的事。因此，一些科学家愿意接受这样的事实，即尽管地球轨道只有 0.3% 的改变也可能引起全球气候发生极大的变化。

1976 年，支持米兰科维奇的方程理论的证据终于出现了。当时，研究者发现海洋底部有一些特殊的沉积物，它记录了过去数千年来海水温度的变化，堪称海水温度的指示器。原来，沉积物中含有一些被称为"有孔虫"的贝壳，有孔虫的贝壳的化学组成随着海水温度变化而变化，这种化学成分就是氧元素。这种动物贝壳中氧元素的普通同位素 ^{16}O 与比它更重的同位素 ^{18}O 的比率随着海水温度变化而变化，当地球变冷时，海水温度较低，有孔虫的贝壳中的 ^{16}O 含量较少。通过对深海钻探获得的最深层的沉积物的测定表明，白垩纪时期的海洋温度比我们现在的温度高出将近 20℃。这是一个巨大的变化。不是很激烈但是非常明显的变化已经被发现了，它与开始于 11.5 万年前的逐渐变冷（那时，英格兰实际上还是热带）一致。这种变冷一直延续到 1.5 万年前的最后一次冰河期的顶峰，那时，覆盖纽约北部的冰达 1 英里（约 1.609 千米）厚——最后，冰的消融露出了长岛，冰融化后的水把陆地变成海洋。

1979 年，一个名叫汉斯·厄斯杰的瑞士物理学家前往格陵兰岛，加入了纽约州立大学的切斯特·兰韦领导的小组，通过压碎冰样品，收集到数千年前被冰捕获的气泡中的气体。厄斯杰发现，1.2 万年前当世界开始变暖时与 1.7 万年前最近的冰河期比较，二氧化碳水平在每 100 万份中高出 100 份。当这些结果公之于众的时候，新的验证工作在深海沉积物中进行，它得出了同样的结果，二氧化碳似乎是一种加强地球大气的太阳能循环效果的气体。

这种机制是如何起作用的呢？我们现在知道是"温室效应"。在最近的新闻中，我们经常听到关于全球气候变暖的争论。事实上，"温室效应"使得地球上有可能存在生命，最近争论的焦点是全球温度升高是否会引起全球气候失控。我们也知道在这个过程中最重要的因素之一是大气中二氧化碳含量急剧上升。

事实上，许多科学家对完全破解冰河期之谜是持怀疑态度的。人们提出了很多理论，一些已经证明是正确的。当然，如果米兰科维奇循环像许多科学家所认为的那样重要的话，某种答案应该出现在以后 2000 年左右的时间里，我们会看到一个新的冰河期的开端。然而，还有一个问题，因为人类活动导致过多的二氧化碳和其他温室气体的释放，结果引起全球气候变暖，可能造成整个进程紊乱，如果真是这样，我们可能会迎来一个极地冰雪融化的时期，而不是一个预期的冰河期。据说由于近年来气温快速上升，南极和北极的冰川已经开始大规模融化，北极的冰川可能在 2100 年左右完全融化，海平面可能会明显升高。2009 年 12 月在哥本哈根召开

的世界气候大会上，就摆放着人们制作的"气候难民"的雕塑，以提醒人们如果再不采取有效措施遏制气候变暖，很多岛屿和海边都会变成泽国。

中国西峡恐龙遗迹园

中国西峡恐龙遗迹园是一座大型恐龙主题公园，位于秦岭山脉东段、伏牛山南麓的河南省南阳市西峡县丹水镇三里庙村。该园是继中国四川自贡恐龙动物群、英国科莫恐龙与哺乳动物群、加拿大阿尔伯达恐龙公园之后的又一座大型恐龙主题公园。公园园区由地质科普广场、恐龙蛋化石博物馆、恐龙蛋遗址和"阳城——丹水晚白垩纪层型地质剖面"、"樊营——刘营西峡巨型长圆柱形蛋化石、戈壁棱柱形蛋化石产地"、"龙虎山——石板河恐龙化石产地"等一园一线四区组成，规划建设面积4.65平方千米。

南阳西峡白垩纪恐龙蛋化石群，赋存于中国中央造山系秦岭造山带拉张盆地内，陆相地层中的含恐龙蛋化石层位有 17 层，化石种类多达 6 科 9 属 13 种。以其数量之多、分布之广、保存之完善、类型之多样，堪称"世

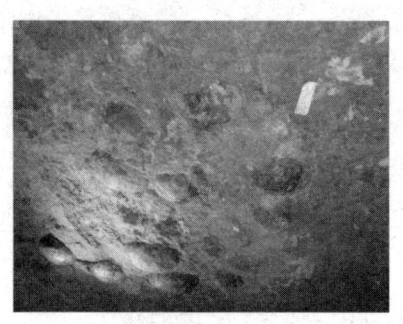

西峡恐龙蛋化石

界之最"。其中，西峡巨型长圆柱形蛋、戈壁棱柱形蛋化石是世界范围内的独有或稀有品种。恐龙蛋化石与鸭嘴类、鸟脚类以及蜥脚类恐龙骨骼化石共生，不同种类的恐龙蛋化石赋存一个层位、数十枚恐龙蛋共居一层，一窝恐龙蛋成双成对或呈放射状、曲线状、似梅花状排列，或呈微倾斜竖立式、多层平行式、交错平行式排放，它们承载了远古时代恐龙生命科学的重要信息。而未孵化蛋化石的大量出现，反映出的白垩纪晚期恐龙蛋低孵化率现象。

西峡恐龙遗迹园主要由地质科普广场、恐龙蛋化石博物馆、恐龙蛋遗址和仿真恐龙园四部分组成。西峡恐龙遗址属于白垩纪断陷盆地沉积。恐龙蛋遗址的蛋化石层是西坪—丹水盆地的最高层位，已暴露的蛋化石达1000多枚。在它的下部地层至少还有16个产蛋层，现已确定蛋化石分

别归于6科9属13种。西峡出土的恐龙蛋化石数量之大、种类之多、分布之广、保存之好堪称"世界之最"。最近大量的鸭嘴龙、禽龙、原角龙、肉食龙等恐龙骨骼的发现，又为西峡蛋化石增加新的内容，被誉为继"秦始皇陵兵马俑"之后的世界第九大奇迹。恐龙遗迹承载着远古时代生命科学的重要信息，期待着人类去破解恐龙灭亡之谜。沧海桑田，乾坤挪移，6000多万年过去了。中国西峡恐龙遗迹园，为研究地球演化、天体演变、灾变事件和恐龙的生活习性、生态环境与物种灭绝等提供了理想的科学研究基地，为科普和旅游开辟了一处崭新的园区。

辽西古生物化石群

近几年来，辽宁西部陆续发现了十分珍贵的古生物化石，其中包括距今1.5亿年至1.3亿年前的4种20多件鸟类老祖宗化石，引起了中外学术界的瞩目。

据介绍，早在1989年，朝阳县胜利乡一个农民，在本乡梅勒营子村发现了一具完整的鸟化石。后来，这以前从无记载的鸟被命名为"三塔中国鸟"。接着，中科院古脊椎动物与

古人类研究所的学者侯连海、周忠和等人，又在朝阳县波罗赤乡的大西沟先后发掘出 20 余件完整或比较完整的鸟化石，其中包括被命名为"燕都华夏鸟"和"北山朝阳鸟"的化石。

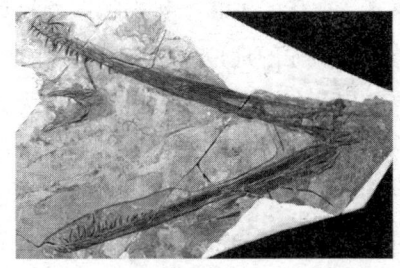

辽西恐龙化石

朝阳发现的这三种鸟，都生活在距今 1.3 亿年前后。这是世界上发现早白垩纪时期鸟化石最多的一次。

1994 年春天，考古工作者又在北票市上园镇炒米甸子村征集到两件鸟化石。最新的研究结果表明，化石距今已有 1.5 亿年，是侏罗纪鸟类化石在我国的首次发现。这是迄今为止发现的世界上最早的有角质喙的鸟化石。欣喜之余，科学家给这种鸟起了一个似乎是风马牛不相及，实际上是要弘扬中华民族文化的名字，叫做"圣贤孔子鸟"。

辽西发现鸟化石具有重要意义：

一是填补了鸟类早期进化的空白。鸟类起源于古代的爬行动物，上个世纪末在德国发现的距今 1.5 亿年的"始祖鸟"化石是鸟类动物的祖先。后来，人们又多次发现了距今 9500 万年至 6500 万年前的晚白垩纪时期鸟化石。但令人遗憾的是，在这中间缺了一个连接的"链条"，即 1.5 亿年至 9500 万年前这一段的鸟化石。辽西的发现正好补上了这一关键环节。

带羽毛的恐龙化石

二是辽西发现的鸟化石对研究鸟类的进化和分异提供了珍贵资料。专家通过对 4 种鸟化石的研究认为，至少在白垩纪早期，鸟类已向着多方位辐射，鸟类的进化水平已有了很大的差异，而鸟类最早的祖先则可能在晚侏罗纪以前就出现了。

中华龙鸟、原始祖鸟和尾羽鸟是最重要的科学发现之一。

这一自然奇迹是由中国科学家在中国辽宁省西部的朝阳市境内发现的。重要的发现起始于 1996 年 8 月，中国地质博物馆馆长季强在该地获得了一块奇妙的小型"恐龙"化石。"恐龙"长有很短的原始羽毛，具有似恐龙又似鸟类的特点，季强将其命名为中华龙鸟，并认为它是介于恐龙与鸟类之间的过渡型动物。顿时，这次发现轰动了新闻界，轰动了古生物界，震惊了全世界。

中华龙鸟化石发现于朝阳市北票四合屯，保存于晚侏罗世地层的凝灰质粉砂岩中。据中国和世界古鸟类专家研究考证，中华龙鸟是恐龙向鸟类演化的过渡型动物。这一重大发现，为鸟类起源于小型兽脚类恐龙的假说提供了重要证据。1996 年 12 月，在四合屯又出现了中华龙鸟后代的化石，该化石产出层位在中华龙鸟化石层之上的 5.5 米、孔子鸟化石层之下的 8.5 米处。据专家研究考证，该鸟类具有很低的飞行能力，比德国巴伐利亚州索伦霍芬始祖鸟要原始些，故命名为原始祖鸟。1997 年夏天，在四合屯又发现尾羽鸟化石，经专家研究确认，尾羽鸟与原始祖鸟相似，而比原始祖鸟又进化了一步，但仍比德国始祖鸟原始。

国内外著名古鸟类专家对朝阳市北票四合屯出现的各种鸟化石进行了深入研究，多数认为中华龙鸟虽然不会飞行，却是鸟类的鼻祖；原始祖鸟和尾羽鸟是具有很低飞行能力的初鸟类；孔子鸟是具有短距离飞行能力的鸟类。这一发现和研究成果，是 20 世纪最重要的科学发现之一，使生命发展中鸟类起源与演化的研究迎来了曙光，取代了 130 多年来德国始祖鸟是鸟类祖先的地位。以美国耶鲁大学教授、著名古鸟类专家奥斯特隆为首的欧美专家考察队，在结束对四合屯考察后，一致认为中国辽西四合屯是回答鸟类起源与演化问题的最完美的地点，这一地点的国际意义是空前的。

到目前为止，在中国辽宁省西部的朝阳地区发现鸟类化石 250 多枚，经专家研究确定为 3 个亚纲、11 个属、14 种鸟类。仅四合屯地区就发现鸟类化石 200 多枚，包括 4 个属、6 种鸟类。朝阳地区发现的化石种类和数量之多，演化遗迹保存得如此系统、完整，是世界上独一无二的。巴伐利亚州共发现 7 枚鸟化石，仅 1 个属、2 种鸟类，与朝阳市的发现是无法相比的。正如著名的美国古鸟类专家奥斯特隆所说："这些沉积和这些化石，不仅是中国的财富，也是世界的财富。"因此，中国辽宁省西部的朝阳是全球古鸟类研究学者神归梦想的地方，中华龙鸟已经由朝阳飞向全世界。

1998 年 10 月，国家已批准以朝阳市北票四合屯为中心，建立了面积为 46.3 平方千米的鸟化石群自然保护区，保护区管理处遵照"依法保护、科学研究、合理开采、有效利用"的原则，管理工作已全面到位。在朝阳地区以及鸟化石群自然保护区内，中华龙鸟化石层位以下，还有厚度达千米以上的中、早侏罗陆相沉积地层，且保存系统完好，是进一步研究生物演化和鸟类起源的理想场所，这不但在中国，在全世界也是典型的、罕见的。

辽西古鸟类化石的发现与研究成果具有划时代的意义，由中华龙鸟引起的古生物理论与实践的大碰撞并没有完结，研究工作还将继续。科学家们普遍认为，随着研究工作的深入，朝阳市作为世界鸟化石的宝库对这一领域的贡献将越来越重要，越来越为世界所瞩目。

辽西孔子鸟化石

1996 年发现于辽宁省西部朝阳地区的孔子鸟化石，距今已 1.3 亿年，被称为世界上"最早具有角质喙的鸟类"。1998 年在这里发现的中华古果化石，已有 1.45 亿年历史，是迄今为止世界上所发现的最古老的被子植物，被称为"世界最早的花"。

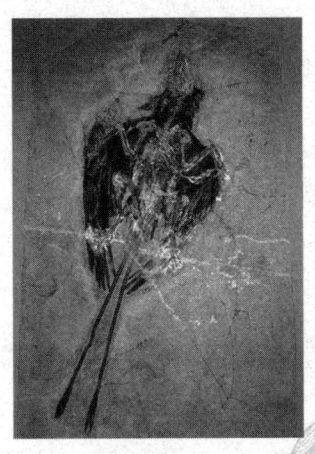

热河昆虫化石

在复原过程中，长期工作在中国刑警学院法医学系刑事相貌研究室的赵成文教授，综合运用了现代技术和考古知识。在对孔子鸟复原时，他根据化石情况首先复原出孔子鸟平面图，并通过仪器测量出其身体各部位的比例关系，通过文献、图像等记载以及有关专家的结论和当地老人世代相传的回忆进行综合分析研究，确定出化石中哪些是孔子鸟固有的身体结构，哪些是化石形成过程中造成的变形，最后利用他研发的软件把复原基础图进一步细化、完成。

从复原结果看，孔子鸟外形近似中国民间传说中的"凤"，让人们自然联想到"丹凤朝阳"的典故。中华古果一部分茎根和须根叶为条针叶，有点像我们今天的豆类。史前花鸟的有形化复原，让世人更直观地了解了珍贵的历史文化遗存。

与此同时，赵成文教授同时还公布了他所复原的迄今为止所发现的中国最早的女神像——红山女神以及中华龙鸟、辽宁古果等世界文化瑰宝。

澄江生物群

1984年7月1日，在云南澄江县帽天山首次发现了现已闻名于世的澄江动物化石群，并立即进行了大规模系统采集。在1984年和1985年的野外地质调查中发现，澄江生物化石群分布广泛，在滇东地区下寒武统筇竹寺组玉案山段中的泥质岩层中均有发现，其时代为寒武纪早期，距今约5.3亿年。虽经5亿多年的沧桑巨变，这些最原始的各种不同类型的海洋动物软体构造保存完好，千姿百态，栩栩如生，是目前世界上所发现的最古老、保存最好的一个多门类动物化石群；它们生动如实地再现了当时海洋生命壮丽景观和现生动物的原始特征，为研究地球早期生命起源、演化、生态等理论提供了珍贵证据。澄江动物化石群的发现，引起世界科

学界的轰动，被称为"20世纪最惊人的发现之一"。

澄江生物化石群

澄江生物化石群出现于寒武纪生物大爆发时期，除了低等植物藻类外，大量代表现生各个动物门类的动物同时出现。也就是说，大多数现生各动物门类代表在澄江生物化石群中都有其发现。而在寒武纪之前，除了分散的海绵骨针外，还没有出现过这些动物。

藻类为最简单最古老的植物，现分布于世界各地，海、淡水中及潮湿地区，都可见其踪迹。澄江生物化石群包括大量的藻类化石，它们常富集在岩层面上保存，其特征多为不分枝的粗、细不同的丝状体，极少类型呈螺旋状体。

多孔动物门也称海绵动物门，属于最原始的多细胞动物，整个身体是由内、外两层细胞构成，固着水底生活，体型多样，均属辐射对称型。澄

江生物化石群中海绵动物十分丰富多彩，至少包括 20 个不同属种，分属于六射海绵纲和普通海绵纲。

刺胞动物门（腔肠动物门）是真正的后生动物的开始，组织分化上比多孔动物更进一步，有了神经和原始肌肉细胞。澄江生物化石群中现已发现 2 属 2 种，分属于海葵类和栉水母类。

现生线形虫动物体呈长线形，大多数种类幼虫营寄生生活，成虫生活在水中。线形虫是澄江生物化石群中最常见的种类之一，体呈细长的圆筒状，有 3 属 3 种。

鳃曳动物门中的鳃曳动物均为海生，分为吻、躯干和尾部。在澄江化石中发现了 4 属 4 种。

澄江化石中的动吻动物也称奇虾类动物，体大，体长可达 1 米，是当时海洋中的庞然大物。澄江化石中的动吻动物也被认为是节肢动物的一个分枝，但它们的口部及附肢构造完全不同于节肢动物。至少 4 属 4 种动吻动物存在澄江生物化石群中。

叶足动物门包括现生的有爪类，也称栉蚕，有的也把它归入节肢动物门的有气管亚门原气管纲，全为陆生，仅分布于南半球少数地区。至少 6 属 6 种存在澄江生物化石群中，其类型的多样性令科学界大为吃惊。

腕足动物门主要为保存肉茎的舌形贝类，是目前世界上保存最好的具肉茎腕足类化石。通过和现代舌形贝之比较，显示出该类动物在漫长的历史长河中进化的极端保守。在澄江化石中目前发现了 4 属 4 种。

软体动物门是以现已绝灭的软舌螺动物为代表，澄江化石中有 4 属 4 种。

节肢动物是澄江生物化石群中最为庞大的一类，40 属 40 种已被描述，分属于 3 个超纲。单肢类没有被发现。

目前有 12 属 12 种由于研究程度不够，还不能置于现生的各动物门中，包括水母状化石、云南虫、火把虫等。

以前所知道的最老的保存软体的生物群是中寒武世的加拿大布尔吉斯页岩生物群，它比早寒武世寒武纪大爆发要晚 1000 多万年。因此，加拿大布尔吉斯页岩生物群不可能指出地球上最老的动物都是些什么。我们对寒武纪生物大爆发所产生的生物及生物群落结构所知甚微。在现代的海洋中，70% 以上的动物种和个体实际上都是由软组织构成的，因而极少有形成化石的可能。那么寒武纪生物大爆发时是不是也会产生如此众多的软躯体动物？澄江生物群的发现，使我们如实地看到了地球海洋中最古老的动物原貌。这使我们认识到，自寒武纪生物大爆发时，地球海洋中就生活着纷繁众多、生态各异的动物；绝大多数地层中保存的硬骨骼化石误导了我们对早期生命的认识。例如叶足动物门的有爪动物，现在只生活在南半球的少数陆地地区。澄江动物群告诉我们，有爪动物在寒武纪大爆发时不但存在，其形态还出乎意料地比现代有爪动物更加丰富多彩。

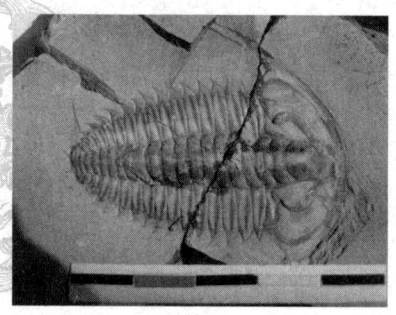

澄江化石之一

澄江动物群化石保存在细腻的泥岩中，动物的软体附肢构造保存精美，且呈立体保存。构造细节能比较容易地在显微镜下用针尖揭露出来。通过澄江化石的研究，我们完全能够修正某些同类生物群原先的研究错误观点。如动吻动物门的大型奇虾类动物，具有100余年的研究历史，过去一直认为此类动物是无腿的巨大怪物。澄江生物群不但存在着这类动

物，而且保存好，类型多，我们的研究从根本上改变了原来的观点。对于加拿大布尔吉斯页岩叶足动物门的怪诞虫，科学界一直把它作为不可思议的奇形怪物。澄江同类化石的研究，证明原来的研究成果是背、腹倒置。如果没有澄江动物群，我们对这些动物的认识永远是一个谜。

节肢动物是动物界中最庞大的一类，但是关于节肢动物的原始特征以及各类群之间的关系，科学界对其了解很少。以往所发现的化石，多是节肢动物的外骨骼，而解决节肢动物的分类，论述其演化关系，关键构造是腿肢。保存好的腿肢在化石中很少发现。因此关于寒武纪节肢动物的系统分类处于一个混乱状态。通过澄江节肢动物的研究，我们对节肢动物分类关系和原始特征有了一个清楚的认识。澄江节肢动物具有一个非常原始的体躯分化，例如现代虾大约有18个不同类型的体节，而澄江节肢动物仅仅有3或4个。这充分展示了随着漫长时间的推移，节肢动物体节特化而行使不同功能的演化趋势。澄江生物群中，双瓣壳节肢动物多种多样，小者1毫米左右，大者可达100毫米以上，许多种类保存有完美的软体附肢。研究证实，相似壳瓣却包裹着十分不同的软体和附肢。因此它们的壳

瓣不能作为分类和相互关系的依据，壳是趋同演化的结果。同是双瓣壳节肢动物，它们可以分属于不同的超纲。因此，澄江生物群为我们研究早期生命起源、演化提供了宝贵证据。

澄江生物群向人们展示了各种各样的动物在寒武纪大爆发时立即出现，现在生活在地球上的各个动物门类几乎都已存在，而且都处于一个非常原始的等级，只是在后来的演化中，各个不同类群才演化为一个固定模式。如现在所有昆虫的头部体节数量都是一样的，而原始的节肢动物类群头部体节的数量变化则相当大（从1节到7节）。从形态学的观点来讲，早寒武世动物的演化要比今天快得多。新的构造模式或许能在"一夜间"产生，门和纲一级的分类单元特征所产生的速度或许就如我们认为种所产生的速度一样地快。而达尔文认为，较高级的分类范畴是生物种级水平演化变化慢慢堆积的结果，依次达到属、科、目、纲和门级水平。这并不意味着达尔文是不正确的，由于受当时科学条件的束缚，但是其理论是不全面的。自然选择很大程度上是一个稳定选择，这种选择有可能阻碍演化。另外，正如在现生的昆虫和植物中所遇到的情况，新种或许通过单个或少数几个突变就可以形成，实际上

杂交种却难以产生。在寒武纪，新门（例如腕足动物门）通过不同器官在成长速度中，通过简单的转换就可以产生，以致于成年个体能够保存祖先幼虫的滤食生活方式。这个过程在几百年或几千年内就可以形成、产生新门。澄江动物群提供的生物高级分类单元快速演化的证据（突变）在教科书中是读不到的。

澄江生物群给我们提供了一个完整的最古老的海洋生态群落图，关于这种生态群落，之前我们的认识几乎是一片空白。现在，我们不仅能知道在寒武纪大爆发时产生了哪些动物，还能初步了解不同动物的生活方式和食性。澄江动物群或许还能帮助我们了解寒武纪生物大爆发中生物演化的原因，以及诱发这种大爆发的理由。

澄江帽天山化石群

帽天山是距抚仙湖仅6千米、状似草帽的不起眼小山。但这却是世界著名的"古生物圣地"，是我国首批10个国家地质公园之一。

澄江化石管委会副主任陈爱林说："帽天山古生物化石群的发现，被国际古生物界誉为'20世纪最惊人的科学发现之一'。澄江古生物化

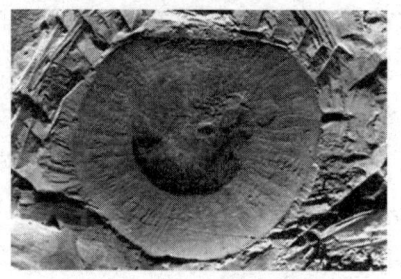

澄江真形星口水母化石

石群的保护工作，得到国家的高度重视，温家宝总理对此三次作出批示。"

海拔 2026 米的帽天山山腰，有一块长约 100 米的岩层剖面。25 年前，中国科学院南京地质古生物研究所研究员侯先光不经意敲下的一锤，敲出了"纳罗虫"化石，也敲开了一个沉睡了 5.3 亿年的寒武纪早期世界：那时这里是一片茫茫海洋，地球生物在这一时期发生了重大突变，生命结构的基本形式由此奠定，一些新的生物豁然出现，地球生命在澄江集体爆发，沉寂了 40 亿年的地球突然生动起来……站在山上，不知道还有多少生命之初的远古动物埋在脚下，这一刻人们仿佛又回到了生命的起点。如今，这个地球生命的摇篮正静静地矗立着，看着越来越多的人来到这里。

难以破解的古代文明之谜

莫衷一是的纳斯卡

早在 1926 年 9 月，两位考古学家就在秘鲁西南的纳斯卡镇附近发现有一系列长而笔直的线一直延伸到很远的天际。不过两位学者以为这些线是某种灌溉设施，对此他们没有多想。

直到 20 世纪 30 年代，当商务飞机开始穿越纳斯卡镇上空时，飞行员和乘客注意到沙漠上有更多的巨大图案。他们从空中看见上百条线，许多线从中间的点向外辐射，它们中有一些有几千米长并且非常笔直。也有其他的形状，包括三角形、矩形、梯形、螺旋形以及一些动物的形状，比如蜷着尾巴的猴子。人类学家安东尼·埃文尼描述说，从空中看到的景象恰似一堂紧张的数学课后留下的板书。

回到地面后，考古学家检查了这

纳斯卡图像

些线条和形状，结果发现线条的形成很简单，就是把覆盖在沙漠上的小卵石往旁边清扫掉。下面的一层薄沙显得更加清楚，因为沿着这些线条和形状，黑色的小卵石形成了一条界线。考古学家也注意到，这些图画一旦形成就会永远保持其最初的状况：纳斯卡附近的沙漠非常干燥（每年大约有20 分钟的降雨）而且没有风，因此，这些线条很可能已经有几百年甚至上千年的历史了。沿着一些线条发现的陶器残片好像表明一些线条已经有2000 多年之久了。

科学家们感到疑惑的是，到底是什么引发了当时的艺术家选择这么难的一块画布来做画？他们为什么画这么巨大的图案以至于从地平线上根本无法识别？有些人猜测，古代纳斯卡人可能已经知道借助某种原始的滑翔物或者热气球飞行。根据有关这些线条和形状的最著名解释，它们也可能根本不是纳斯卡人所画，而是出于天外来访者之手；根据这一猜测，线条是宇宙航空器的简易机场，而形状则是它的降落舱。

埃里克·冯·丹尼肯《众神之车》一书的出版，使得纳斯卡与宇宙飞行物有关的大名传播到世界每一个角落，不过这本书纯粹是想象力的产物。结论的得出仅仅源于沙漠图画中一小部分与一个现代飞机场表面上的相像，如此而已。但是，就像古代纳斯卡人能够飞行这一猜想一样，对于这个巨大而神秘的版画，冯·丹尼肯的书至少提供了某种解释。

科学家们还能怎样解释这些画在沙漠上——但却只能从空中才能看见的线条呢？

1941 年，美国历史学家保罗·科斯科参观了这个沙漠。他也是通过仰望天空的方式来寻找谜底。太阳的下沉激发了他的灵感。他突然注意到太阳正好降落在一条长线的尽头。过了一会儿，他意识到那天是 6 月 22 日，一年中南半球最短的一天，也是一年里太阳降落到最西北方向之时。

"带着一种极度激动，我们马上意识到我们显然找到了谜底！"科斯科后来回忆说。"因为，毫无疑问古代纳斯卡人是为了标明冬至而建造这条线的。如果情况真是如此，那么其他的标记很有可能在某种意义上与天文学以及相关行为有关。"

在科斯科开展更加彻底的研究前，他不得不先离开了沙漠，于是他设法取得了玛利亚·赖歇的帮助，赖歇是利马的一位德国出生的数学教师。到了该年年底，赖歇观察出另外 12 条线要么与冬至有关联，要么与夏至有关联。科斯科与赖歇作出了结论，认为这个沙漠是"世界上最大的一本天文学著作"。通过在地平线上标出关键的天文位置，它也可以起到一个巨型日历的作用。

1968 年，为了寻找这个问题的答案，杰拉尔德·霍金斯到了秘鲁。他借助于计算机对史前巨石柱上的准线所作的分析使他相信那些遗迹曾经是一个天文观测台。霍金斯用飞机空中航拍的办法，按照航空照片绘制了一张精确的线条平面图。然后，他把沿着地平线的太阳、月亮和具有坐标作用的星星的位置输入到计算机，考虑到在 2000 多年来发生的一些缓慢变化，霍金斯对天空星星的位置进行了适当调整。最终，他从沙漠的一个特别部位选定了 186 条线。

霍金斯发现 186 条线中有 39 条与天文位置相匹配。听起来这很令人鼓舞，但是要在如此多的天文位置里选出这些线条来的确不是件易事。预计只有 19 条线碰巧与一些准线相匹配，其他匹配中有许多实际上是"复制品"——单独的一条线在一个方向上指向冬至而在另一个方向指向夏至。更有甚者，所选择的线条中有80% 以上延伸的方向完全没有规律。因此，霍金斯作出了结论："这个星—日—月推测被计算机扼杀了。"

20 世纪 80 年代早期，加拿大的考古学家珀西斯·克拉克森收集了在线条沿线找到的陶器碎片，然后把它们与代表史前秘鲁不同时代的陶器相比较。得出的结论很惊人：碎片中的一些（尤其是那些在动物图案附近发现的）年代在公元前 200 年到公元后 200 年之间，而其他的式样则是大约 1000 年之后的流行物。

对那些寻找线条解释的人而言，这充满了戏剧性。如果这些图案和线条是在如此久远的时代里形成的，如果它们在不同时期被看作某些生产仪式的一部分，一些线条把灌溉系统中的特殊点与敬神的地点联系起来了。许多鸟的图案有了新的意义，尤其在现代纳斯卡农民把看见苍鹭、伽蓝鸟或者秃鹫理解为下雨的迹象后，可能画鸟和其他动物图案的意图就是求雨。

另外两个人类学家埃夫尼和赫莱恩·西尔弗曼注意到这些线条与各种地理基准相关。大部分线条所延伸的方向与稀少的沙漠暴雨后的水流的方向相同，而且许多方向同于附近溪谷中水的流向。埃夫尼和西尔弗曼不认为这些线曾经是灌溉坑——它们作为灌溉坑还显得太浅——但是他们赞同莱因哈德的观点，认为在这些线条和水之间有着某种正式联系。

埃夫尼也与另一位人类学家汤姆·朱伊德玛组成了小队，汤姆是印加人问题的专家，在西班牙人到来之前，印加人统治了大部分的秘鲁地区。朱伊德玛认为印加的首都库斯科被设计成从位于城市中心的太阳神庙往外发射的一个直线网。根据早期的西班牙记录，这些射线对印加人而言具有宗教和社会意义。朱伊德玛和埃夫尼推论说沙漠线条的许多射线表明纳斯卡人也有同样的信仰。

另一位人类学家加里·厄顿从居住在库斯科附近山村的现代居民习俗中寻找类似之处。厄顿描述了帕卡里奇坦伯的村民们在某些节日里是如何参加露天广场上的打扫仪式的。对厄顿而言，从中想到古纳斯卡人在沙漠线条上举行类似的仪式并不是跨度很大。

与此同时，玛利亚·赖歇继续居住在纳斯卡，不仅作为纳斯卡线的专家，而且担当它们的保护者。冯·丹尼肯的作品把纳斯卡变成一个旅游胜地后，赖歇用她自己有限的资金雇佣了安全保卫。尽管她年纪大了，她还是坐在轮椅上在沙漠上巡逻，如果她担心那些旅游者会破坏这些线条的话，她就会把他们统统赶走。在纳斯卡，她成了一个英雄。

20世纪90年代初，在一些调查者看来，赖歇和她的姐姐里纳特·赖歇变得有点太警觉了。玛利亚·赖歇的保卫临时阻止克拉克森和厄顿在那里工作，责备克拉克森偷走了陶瓷碎片，也怪罪厄顿有意破坏这个平原。玛利亚·赖歇的批评者们认为她在试图保护这些线条的同时，也在竭力保护她的天文学理论。

果真如此，1998年95岁时去世的玛利亚·赖歇可能会从最新的天文学分析中得到一些安慰，这次分析是埃夫尼和一位英国的天文学家克莱夫·拉格尔斯进行的。像霍金斯一样，埃夫尼和拉格尔斯发现天体准线不能说明绝大多数的纳斯卡线。然而，与霍金斯不同的是，他们推论出因为有太多的这种准线，因此不可能它们都仅仅是巧合。埃夫尼也注意到科斯科的一些辐射线与太阳、月亮和星星的位置成行，这使得他得出这样的结论：天文学在纳斯卡的确起某种作用，虽然这种作用比科索克或者赖歇预想的要小得多。

毫无疑问，冯·丹尼肯的读者们也会为有关纳斯卡线的最新想法而感到失望。这些重叠理论的范围——天文学的、农业的、宗教的——并不能像某个单一说法那样给人们同样的满意度。任何单一的解释要说明所有这些线条和图案实在是不可能。

埃夫尼、西尔弗曼、厄顿、朱伊德玛以及其他人的近来发现仍然有很多共同点。这些学者中每一位都是从寻找纳斯卡人与其他古老或现代的秘鲁文化之间的联系着手的。而且这些联系中的每一个都有助于说明纳斯卡线的意义。

纳斯卡线被称为"古老世界的一个奇迹"，它们是如此非凡，以至于我们不能把它们等同于南美古迹去加以理解。但是对那些企图完全揭开纳斯卡之谜的人们来说，必须接受的一个事实就是：如果要完全理解这些线和图案，只有置身于当时的世界才有可能。

撒哈拉沙漠的神秘画像

撒哈拉沙漠岩画之一

无独有偶，撒哈拉沙漠的神秘画像也令人惊叹。

撒哈拉沙漠是世界上第一大沙漠，气候炎热干燥。然而，令人迷惑不解的是，就是在这极端干旱、植物稀少的不毛之地，竟然有过高度繁荣昌盛的远古文明。沙漠上许多绮丽多姿的大型壁画，就是这远古文明的结晶。今天人们不仅对这些壁画的绘制年代难于稽考，而且对壁画中那些奇形怪状的形象也茫然无知，这成为人类文明史上的一个谜。

1850年，德国探险家巴尔斯来到撒哈拉沙漠进行考察，无意中发现岩壁中刻有鸵鸟、水牛及各式各样的人物像。1933年，法国骑兵队来到撒哈拉沙漠，偶然在沙漠中部塔西利台、恩阿哲尔高原上发现了长达数千米的壁画群。这些画五颜六色，色彩雅致、调和，刻画了远古人们生活的情景。此后，世人将注意力转移到撒哈拉，欧美一些国家的考古学家纷至沓来。1956年，亨利·罗特率领法国探险队在撒哈拉沙漠发现了1万件壁画。翌年，他们将总面积约1078平方米的壁画复制品及照片带回巴黎，一时成为轰动世界的奇闻。

从发掘出来的大量古文物看，距今约1万年至4000年前，撒哈拉不是沙漠，而是大草原，是草木茂盛的绿洲，当时有许多部落或民族生活在这块美丽的沃土上，创造了高度发达的文化。这种文化最主要的特征是磨光石器的广泛流行和陶器的制造，这是生产力发展的标志。在壁画中还有撒哈拉文字和提斐那古文字，说明当时的文化已发展到相当高的水平。壁画的表现形式或手法相当复杂，内容丰富多彩。从笔画来看，较粗犷朴实，所用颜料是不同的岩石和泥土，如红色的氧化铁，白色的高岭土，赭色、绿色或蓝色的页岩等。这些岩画是由台地上的红岩石磨成粉末，加水作颜料绘制而成的，由于颜料水分充分地渗入岩壁内，与岩壁的长久接触而引起了化学性变化，融为一体，因而画面的鲜明度能保持很长时间，几千年来，经过风吹日晒而颜色至今仍鲜艳夺目。这是一种颇为奇特的现象。

在壁画中有很多是雄壮的武士，表现出一种凛然不可侵犯的威武神态。他们有的手持长矛、圆盾，乘坐在战车上迅猛飞驰，表现出征场面；有的手持弓箭，表现狩猎场面。还有重叠的女像，嬉笑欢闹的场面。在壁画人像中，有些身缠腰布，头戴小帽；有些人不带武器，像是敲击乐器的样子；有些似作献物状，像是欢迎"天神"降临的样子，是祭神的象征性写照；有些人像均作翩翩起舞的姿势。从画面上看，舞蹈、狩猎、祭祀和宗教信仰是当时人们生活和风俗习惯的重要内容。很可能当时人们喜欢在战斗、狩猎、舞蹈和祭礼前后作画于岩壁上，借以表达他们对生活的热爱或鼓舞情绪。

壁画群中动物形象颇多，千姿百态，各具特色。动物受惊后四蹄腾空、势若飞行、到处狂奔的紧张场面，形象栩栩如生，创作技艺之卓越，可以与同时代任何国家的杰出壁画艺术作品相媲美。从这些动物图像中，可以相当可靠地推想出古代撒哈拉地区的自然面貌。如一些壁画上有人划着独木舟捕猎河马，这说明撒哈拉曾有过水流不绝的江河。值得注意的是，壁画上的动物在出现时间上有先有后，从最古老的水牛到鸵鸟、大象、羚羊、长颈鹿等草原动物，这说明撒哈拉地区气候越来越干旱。

那么，在今天极端干燥的撒哈拉沙漠中，为什么会出现如此丰富多彩的古代艺术品呢？有些学者认为，要解开这个谜，就必须立足于考察非洲远古气候的变化。据考证，距今约3000~4000年前，撒哈拉不是沙漠而是湖泊和草原。约6000多年前，曾是高温和多雨期，各种动植物在这里繁殖起来。只是到公元前300~前200年左右，气候变异，昔日的大草原才慢慢变成沙漠。是谁在什么年代创造出这些硕大无比、气势磅礴的壁画群？刻制巨画又为了什么？

玛雅文明湮灭之谜

在2009年热播的大片《2012》中，玛雅金字塔与世界末日莫名其妙地联系在一起，电影又一次把玛雅文化推在公众面前。玛雅文明是于1840年由约翰·劳埃德·斯蒂芬斯公之于世的，他在造访了科潘遗迹之后写道："所有的一切都是谜，神秘得令人捉摸不透的谜。"斯蒂芬斯或是骑着骡子，或是划着独木舟，穿过洪都拉斯的热带雨林。他一心想要找到曾经存在的古玛雅城镇。他在3年时间中踏遍了墨西哥南部和中美洲，发现了40多处遗址。这些散布丛林深处的许多宫殿和金字塔，以及许多刻着象形文字的碑石和雕塑，表明这些都源于某种古代文明。

随后而来的考古学家在解读了墓碑上的符号之后，对玛雅文明惊奇不已。这些符号表明玛雅人精通数学和历法，其记录的时间长达几百万年，还相当精确地绘制了复杂的天体运行图。或许这正是给《2012》作者提供灵感的所在。所以考古学家认为，玛雅人或者至少他们的统治者已经拥有高度文明。

刻在墓碑上的数字为我们提供了玛雅文明消亡的时间。在科潘被记录下来的最后一个日期（根据玛雅人的日历推断）是公元820年，其后玛雅人的其他一些城市也都如多米诺骨牌似的先后消亡了：纳兰霍亡于849年，卡拉科尔亡于859年，蒂卡尔亡于879年。但令人不解的是，这些文明为何消亡呢？玛雅人与墨西哥的阿兹特克人和秘鲁的印加人不同，因为后两者均是被西班牙殖民者灭亡的，而玛雅人则在公元900年之前已经放弃了他们的城镇——这比哥伦布进行航海活动还早了将近600年。也没有迹象表明玛雅人的城镇曾遭到过另一个印第安文明——阿兹特克人的好战的祖先的破坏。因此，至少在过去的几十年中，玛雅文明的消亡，如同吞没了它的丛林一样，是个让人捉摸不透的谜。

一些研究者试图从环境方面解释，他们认为玛雅人为了得到更多的耕地，不断地毁林造田，直至最后他们用尽了自己的土地。还有人提出自然灾害，如地震、台风或持续的干旱等作为解释。也有人归因于疟疾和黄热病，毕竟在西班牙人的征服之后，疾病无疑起了很大的破坏作用。

但是所有这些理论都缺乏证据支持。如果是一场环境灾难毁灭了玛雅文明，总该像陨星导致恐龙灭绝那样在地质层中留下某些痕迹吧，可是至今未发现任何与此相关的蛛丝玛迹。

玛雅遗迹

直到20世纪60年代和70年代，语言学家们终于能够解读古代玛雅人的单词和数字之后，情况才有所转变。这些解读也彻底改变了学术界关于玛雅文明的看法。

玛雅文字是一种别具一格的象形文字，每个字都用方格或环形花纹围起来，里面的图案或像人，或像鸟兽，或是一些圈圈点点。玛雅人曾用这种文字写下了大量书籍。迭戈·德·兰达是一位方济各会的传教士，他曾于16世纪50年代访遍了玛雅城镇的各处遗址——这比斯蒂芬斯的探访活动几乎早了300年。兰达是一个狂热的传教士而非学者；在确信他所收集的玛雅人的书中所载的只不过是些"关于邪恶的迷信和谎言"之后，他将它们付之一炬。

只有4本书逃脱了西班牙传教士的毒手，并在热带雨林的潮湿的环境中幸存下来。现存的3部玛雅文字手稿分别为：一是在1811年至1848年期间由西班牙勋爵肯格斯鲍洛自费出版了玛雅手稿《墨西哥的古物》，现保存于德国的德累斯顿图书馆，被称为"德累斯顿手稿"；二是在巴黎图书馆收藏的"巴黎手稿"；第三种"马德里手稿"是在西班牙发现的。据说1973年在美国一个展览会上又见到了第四种玛雅手稿，但属私人所藏，内容不详。

玛雅文字同样令人不可思议。位于洪都拉斯西部的科潘遗址象形文字阶梯，是玛雅文字的一大宝库。在科潘遗址中，人们发现在许多石碑、石象上都刻有象形文字。最令人惊叹的是一座有63个石级的"象形文字阶梯"，它高约30米，宽约10米，上面刻有2500个象形文字，可谓玛雅文化考古学上的一大奇迹！

幸存下来的不仅仅是4本书，还有刻或绘在石碑上、玛雅人的陶罐上以及城墙上的成千上万的文字。这些文字一经译出，就动摇了以前人们所提出的玛雅人的形象：在一座座墓碑上，人们看到的是关于战争策略、血腥的战场以及残忍的以被俘的敌人献祭的详尽描述。事实证明，玛雅的统治者都是些好战的武士。大部分文字都记载了他们在战争中取得的胜利。

考古学家们发现了更多的玛雅人的穷兵黩武的证据，例如，在蒂卡尔曾发现一些长而狭窄的壕沟和土埂，它们可能曾被用做护城河和胸墙。在拜肯也发现过这种曾用于防御的城墙；在卡拉科尔，人们曾发现建筑物上有烧焦的痕迹，还曾在一座金字塔的地板上发现一个未埋葬的儿童。在博南帕克曾发现过许多栩栩如生的壁画，过去人们认为它描绘的是某种宗教仪式，而现在则将它们看作是对真实的战争场面的再现。

考古学家们确立了玛雅人的穷兵黩武的新形象之后，就可以为其文明的消亡寻求新的解释了，他们认为玛雅的各个城邦之间的连绵不断的战争最终摧毁了玛雅文明。考古学家在危地马拉北部的一次发掘中发现了被砍下的成堆人头，也由此得出了相似的结论。他估计大约在公元820年前后，那儿的玛雅人曾锐减到其以前数量的5%。

德玛雷斯特认为："像波斯尼亚瘟疫一样的战争最终断送了玛雅文明。"考古学家似乎正在达成共识。而这时却发现了一些新的证据，预示环境因素可能也是玛雅文明的消亡原因。1995年，古气候学家在研究尤卡坦半岛中部的奇彻坎努博湖底的沉积物时，发现在公元800~1000年这一时期的沉积物中，硫酸的含量很高。硫酸只有在湖水很少的情况下——通常是在干旱时期——才会沉到湖底。戴维·霍德尔和他的同事认为，这一时期可能曾发生过严重的干旱，造成庄稼歉收、饿殍遍野、疾病流行，这些都是导致玛雅文明消亡的祸根。各种相关因素的作用——包括环境的压力和对外战争以及内战的影响。可能曾有许多不同的因素削弱了玛雅人的实力，使他们在最终的危机面前不堪一击。

玛雅人创出了一套严密的数学体系，来适应他们按年记事的需要，决定播种和收成的时间，对于季节和年度中雨水最多的时间，准确地加以计算，以期充分利用贫瘠的土地。他们的数学技巧，在古代原始民族中，真是高明得令人吃惊。

可以说，玛雅人的历法也是世界上最精确的古代历法之一。在玛雅文化遗址发现的巨大建筑物，都是按照玛雅历法营造的。玛雅人建造的金字塔和神殿，依照历法规定每隔52年必须在建筑物上造出数目固定的阶梯。每一块石头都与历法有着相应的联系，整个建筑与天文学的要求是要相符合的。

玛雅人的历法究竟精确到什么程度？请看他们当时的计时单位：

20 金 = 1 兀纳（即20天）

18 兀纳 = 1 冬（即360天）

20 冬 = 1 伽冬（即7200天）

20 伽冬 = 1 巴伽冬（即144000天）

20 巴伽冬 = 1 皮克冬（即2880000天）

20 皮克冬 = 1 卡巴拉冬（即57600000天）

20 卡拉巴冬 = 1 金奇拉冬（即1152000000天）

20 金奇拉冬 = 1 亚托冬（即23040000000天）

除了"冬"和"兀纳"采用18进位之外，其他时程单位均为20

进位。

玛雅人认为1个月（兀纳）等于20天（金），1年（冬）等于18个月（兀纳），再加上每年之中有5个未列在内的忌日，一年实际的天数为365天。这正好与现代人对地球自转时程的认识相吻合。玛雅人除对地球历法了解得十分精确之外，他们对金星的历年也十分了解。金星的历年就是金星绕太阳运行一周所需的时间，玛雅人计算出金星历年为584天，而今天我们测算金星的历年为584.92天，这是个非常了不起的数字。

在历史进化中，绝大多数的民族是根据手指的数目，采用10进位计数法。而玛雅人是根据手和脚20个指头，创造了20进位的计数法，同时，他们兼而还使用18进位计数法，这个计数法受何启发，根据何在，没有人能够回答。还有，玛雅人是世界上最早掌握"0"概念的民族。要知道数学上"0"的被认识和运用，标志着一个民族的认识水平。比阿拉伯商队横越沙漠把"0"从印度传到欧洲的时间早1000年，玛雅人的数学才能比中国人和欧洲人都早1000～3800年。

玛雅人建造的金字塔，实际上都是一种祭祀神灵宗庙，也是观测天象的天文台。

据考古学家研究，位于彻琴的天文台是玛雅人建造的第一个，也是实际上最古老的天文台。高耸的塔顶内有一个旋梯直通塔顶的观测台，塔顶有观测星体的窗孔。其外的石墙装饰着雨神的图案，并刻有一个展翅飞向太空的人的浮雕。

玛雅古天文台

而且玛雅人在当时就知道天王星和海王星的存在，令人惊讶的是彻琴天文台的观天窗口不是对准最明亮的星体，而是对准银河系之外那片沉沉的夜幕。他们的历法可以维持到4亿年之后。在全世界各民族仍处在蒙昧时期的年代，为什么同样处于农耕社会的玛雅人会掌握这些知识？这成为迷雾般的疑团，至今仍困扰着全世界的科学家。

目前，世界各国科学家正运用最先进的科学手段，继续探索玛雅文明之谜。如果那些玛雅手稿确实能解开玛雅文明之谜的钥匙，那么可以相信，不久人们就能揭开长期以来蒙在玛雅文明外面的那层神秘莫测的面纱，并且清楚地看到，玛雅文明究竟是地球外文明在我们地球上的再现，还是地球文明不可分割的有机组成部分。

印加藏宝——世界第一大藏宝之谜

印加原为今秘鲁利马附近的一个土著印第安人部落。11世纪起，印加人不断兼并邻近部落，到1438年建立起了印加帝国。在16世纪初最兴盛时，它的领土北起哥伦比亚，南至智利中部，西临太平洋，东到阿根廷北部，面积达240多万平方千米，人口1100万。

崇拜太阳神的印加人认为，黄澄澄的金子很像太阳的光辉，所以，不仅在建造神庙和宫殿时大量使用黄金，而且也多佩戴和珍藏黄金制品。

印加人从11世纪起就开始收藏黄金，如果把印加所有的黄金积聚到一起的话，其价值可能相当于当时世界其他地方金宝之总和。正因为这样，殖民主义者才垂涎三尺，以佛朗西斯科·皮萨罗为首的西班牙殖民者从1525年1月就开始对印加帝国进行了侵略。

1532年，皮萨罗再次率领西班牙殖民军从巴拿马出发，侵入印加帝国。在到达印加帝国的卡哈马卡城后，皮萨罗设下圈套，把当时印加帝国皇帝阿塔瓦尔帕扣押起来作为人质，要求皇帝用装满关押他的房间那样多的黄金来赎身。

按照皮萨罗的秘书塞雷斯的计算，关押阿塔瓦尔帕皇帝的那间房子长7米，宽5.5米，高3米。这就是说，需要40万千克黄金才能堆满这间约115立方米空间的房子。阿塔瓦尔帕皇帝答应马上交出40万千克黄金，而且他的臣仆也很快交来了5万千克黄金。

心毒手狠的皮萨罗想，如果就这样把皇帝放走的话，他早晚会带领印加人起来反抗的。于是，皮萨罗又给皇帝扣上了一个谋反的罪名，于1533年8月在卡哈马卡城广场将阿塔瓦尔帕皇帝公开处决了。

而在这时，皇帝的臣仆们正奔驰在为皇帝急运赎身黄金的路上呢。在获悉皇帝已被处决之后，印加人很快把这一大笔黄金隐藏起来。随后，皮萨罗率领着手下士兵，从卡哈马卡城一路烧杀抢掠，开进了印加帝国的首都库斯科。

皮萨罗的兄弟佩德洛·皮萨罗曾这样说过："虽然最珍贵的器皿已被

印第安人带走了，但我们还是发现了一尊金塑像，印第安人痛心地说，那就是印加王朝的始祖像。"他还说："我们在库斯科城郊一个山洞里发现了一些金螃蟹，以及上边装饰着鸟、蜘蛛、蛇、蜥蜴和其他昆虫的金器皿。有一个印第安人告诉我们，在靠近维拉贡加镇的一个秘密洞穴之中，还藏着大量金板。但是，几天之后，这个报告情况的印第安人便失踪了。"

由此可以看出，大量的金银财宝被印第安人秘密地藏了起来，并且让人永远无法找到它们。因为，在当时，祭司们先让奴仆把金银财宝运到隐藏地点的附近，然后让另一些忠心的印第安人将他们换下来，这些人把财宝藏好后，便毫无怨言地自杀了。

有一些史学家通过研究印加人的习俗和传统而肯定地认为，印加人把他们祖先的金银财宝都藏了起来。据估计，在1533年被印加人隐藏的是公元11世纪以来14个印加皇帝的财富，其总价值相当于秘鲁金矿从公元16世纪到1803年所开采的黄金总和，数量惊人。

有人认为，印加人带着金银财宝逃离库斯科后悄悄来到的的喀喀湖，因为此湖是印加人所崇拜的太阳神和月亮神的儿子来到人间后创建印加帝国的圣地。此湖又被印第安人叫做

"丘基博"，其意就是"聚金盆"。

的的喀喀湖景色

由于在湖畔周围蕴藏着丰富的金矿，印第安人利用冶炼出来的黄金，制成各种黄金装饰品。皮萨罗在1533年12月曾派部下迭戈·德阿佐罗和佩罗·马丁内斯·德莫格尔去的的喀喀湖寻找印加人的金宝。随后，他又占领了这个地区。但是，直到1541年皮萨罗被人暗杀时，西班牙人始终也没有找到那一大笔印加宝藏。

因此，毫无疑问，这一大笔金银财宝依然沉睡在地下。有人说，带着印加黄金巨宝和历代皇帝与皇后木乃伊的印加人到了的的喀喀湖以后，便乘坐芦苇筏子向湖中心划去。这时，一名祭司站了起来，在对天祈祷一番后，命令将所有带来的金宝一件件地投入到湖中。

还有人认为，印加金宝被隐藏在库斯科北面的萨克萨伊瓦曼要塞的地道里。因为那里是印加人埋藏财宝的传统之地。据说在要塞的中央耸立着

一座圆塔建筑物，在圆塔的一个构造特别的平台上，通过，一个迷宫般的曲折复杂的通道，可以进入地道。但是，由于明沟暗道实在复杂，所以没有人能找到地道的进口。

据历史学家休白说，西班牙人曾想发掘萨克萨伊瓦曼地道，但是他们未能如愿以偿。因为，萨克萨伊瓦曼要塞被认为是南美洲印第安人最伟大的军事工程建筑之一。

"萨克萨伊瓦曼"这个词在土著印第安人的语言里就是"山鹰"的意思。萨克萨伊瓦曼要塞在库斯科北面2千米的一个山坡上。从要塞遗迹上可以看出，要塞从上到下共有三道平行走向用巨石砌成的围墙，每道围墙高18米左右，里层的石墙长360米左右，最外面的一道围墙长达540米，用来砌筑围墙的石头有的重达30万千克。要塞一共有21个堡垒和瞭望台，附近还有许多建筑。

又有人认为，印加帝国的大后方马丘比丘也可能是印加金宝的一个主要隐蔽之地。为了找到印加金宝，当年西班牙殖民者和随后300多年中怀揣各种目的来此地的探险家们，曾经一直在安第斯山里的群峰密林中寻找这座神秘的古城马丘比丘，但始终也没有发现任何遗迹。

可是，美国耶鲁大学研究拉丁美洲历史的年轻助教海勒姆·亚·宾厄姆，却于1911年在库斯科西北122千米处的乌鲁班巴河的两座峭峰之间找到了这座失踪400年之久的古城。

马丘比丘城建在云雾缭绕的安第斯山脉一座海拔为2458米的山顶上，地势十分险要。城里有道路、广场、台阶、城门以及壮观的寺庙、宫殿、祭坛。建筑物都用浅色花岗石砌成。在一座神庙的祭坛上，有一个用一块10万千克重的花岗石板筑起来的祭台。这些石头建筑物不用灰浆和水泥，但黏合得非常紧密。

马丘比丘废城的发现，引起了各国学者的极大兴趣。但是，由于始终没有发现任何文字记载，到底这座神秘的印加古城究竟建于何年、为何而建以及为何废弃，至今仍是一个未解之谜。

据历史学家休白说，在1535年左右，西班牙曾派鲁伊·迪亚作为特使，去跟印加皇帝芒科进行谈判。芒科把一碗玉米豆撒在地上，随后拿起其中的一粒玉米对迪亚说："这就是西班牙人拿走的印加黄金。"接着指着地上的玉米豆说："这就是印加人留下来的黄金。我可以把这些都给您，只要您保证永远离开此地。"

但是，由于种种原因，这笔交易并没有做成。人们从这个历史插曲中也可以看出，芒科是知道印加金宝的主要隐藏之地的。不过，这笔被称之为世界上第一大藏宝的印加财宝，至今也没有人发现它的埋藏地点。

太阳门之谜

在世界上最高的淡水湖——的的喀喀湖东南21千米、海拔4000米高的层峦叠嶂的安第斯高原上，有一座前印加时期的蒂亚瓦纳科文化遗址。自1548年西班牙殖民者发现了这个被印加人称为蒂亚瓦纳科的小村落并向外界报道后，以精美的石造建筑为特征的蒂亚瓦纳科文化就此著称于世。自那以后，围绕这个遗址是什么时代建造的、由何人建造的、究竟是什么所在等问题整整讨论了4个多世纪。

这个遗址被一条大道辟为两半，分散在长1000米、宽400米的台地上，大道一边是占地210平方米、高15米的台阶式阿加巴那金字塔，另一边是由长118米、宽112米的台面组成的卡拉萨萨亚建筑。该建筑至今仍完好无损，四周围是坚固的石墙，里面有梯级通向地下内院，西北角就坐落着古代美洲的著名古迹之一——太阳门。它被视作蒂亚瓦纳科文化的

最杰出的象征。

太阳门

太阳门由重达百吨以上的整块巨型石雕镌而成，造型庄重，比例匀称。它高3.048米，宽3.962米，中央凿一门洞。门楣中央刻有一个人形浅浮雕，人形神像的头部放射出许多道光线，双手各持着护仗，在其两旁平列着三排48个较小的、生动逼真的形象，其中上下两排是面对神像的带有翅膀的勇士，中间一排是人格化的飞禽，浮雕展现了一个深奥而复杂的神话世界。这块巨石在发现时已残碎，1908年经过整修，恢复旧观。据说每年9月21日，黎明的第一缕曙光总是准确无误地射入门中央。

在印加人创造蒂亚瓦纳科文化年代，尚未使用有轮子的运输工具和驮重牲畜，因此在峭拔高峻的安第斯高原上建造起如此雄伟壮观的太阳门，确实是不可思议。为弄清蒂亚瓦纳科文化的来龙去脉，美国考古学家温德尔·贝内特用层积发掘法证明该文化

最早年代为公元 300～700 年，太阳门等建筑在公元 1000 年前正式建成。问题是，当时生产力极为原始，如何把重上百吨的巨石从 5 千米外的采石场拖曳到指定地点？至少每吨要配备 65 人和数千米长的羊驼皮绳，这样得有 26000 多人的一支庞大队伍，而要安顿这支大军的食宿，得有一个庞大的城市，但这在当时还没出现。另有不少人认为，当初是用平底驳船从科帕卡瓦纳附近采石场经过的的喀喀湖运去石料的，据地质考查，当时湖岸与卡拉萨萨亚地理位置接近，后来湖面降低才退到现在位置，如这一说法成立，那使用的驳船要比几个世纪后的殖民者乘坐的船还要大好几倍，这在那时也是不可能的事。

考古学家们用放射性碳—14 鉴定后认为，蒂亚瓦纳科始建于公元 300 年，到公元 8 世纪以前竣工，一般认为可能是在公元 5～6 世纪完成的。有人认为太阳门是宗教建筑，是当时举行宗教仪式的中心场所，它是卡拉萨萨亚庭院的大门，门楣上图案反映了宗教仪式的场面。也有人认为太阳门不是宗教活动场所，而是一个大商业中心、文化中心，阶梯通向之处是中央市场，太阳门上的浅浮雕，其辐射状的线条表示雨水，两旁的小型刻像朝着雨神走去，以象征承认雨

神的权威。

甚至有人把蒂亚瓦纳科说成是外星人在地球上建造的城市，太阳门是外空大门，那无疑有些过于离奇了。

虽然 400 多年来，对蒂亚瓦纳科文化，对太阳门众说纷纭，各持己见，但相信有那么一天，太阳门的本来面目会揭示天下。

复活节岛雕像之谜

与古玛雅文明之谜相对应的，还有复活节岛上的巨型石雕人像之谜。

1722 年，当荷兰探险家雅各布·罗杰维于复活节到达这个小岛时，发现岛上有成百上千的巨大雕像，很多巨石人形雕像头上都戴着巨大的红色石块的"帽子"，其中有些雕像比三层楼还高，当地的土著居民把这些雕像称为"莫埃"。罗杰维后来写道："这些石像使我们感到震惊，因为我们无法理解这些人是如何把这些石像建起来的，要知道它们的高度及相应的厚度都达到了 30 米。"

直到现在人们也无法想象，这些远离大陆、不懂任何机械知识的岛民，是采取什么方法建起这些巨大雕像，并在雕像头上覆盖圆柱形的巨石。每个知道这些巨大石头雕像的人

都情不自禁地问：是谁建造了复活节岛上的巨大雕像？他们为什么要雕凿这些雕像？

一些科学家相信它们出自波利尼西亚移民之手。这些移民可能是从马克萨斯群岛中的某个岛屿出发，向西航行，经过长途跋涉之后运到了复活节岛。如挪威科学家托尔·海尔达尔在1940年左右提出，是南美的印第安人曾定居于复活节岛上，并建造了这些雕像。为了验证自己的观点，海尔达尔决定建一个简陋的木筏，并孤身穿越太平洋。

复活节岛雕像

海尔达尔发现复活节岛上的居民中流传的神话与秘鲁古印加人的神话之间有着很多的相似之处。复活节岛的居民尊崇一位白皮肤的神——"提基"为他们的始祖；而在印加人的传说中，他们的祖先曾把一位白皮肤的神"康—提基"逐出秘鲁，赶到了太平洋中。

18世纪，当第一批欧洲人到达复活节岛时，他们惊奇地发现岛上除了棕皮肤的波利尼西亚人外，还有些白人居民。提基和康—提基肯定是同一个神，而岛上那些白人居民自然应当是他的后代。

岛上还流出着一些口头传说，如曾经有一个"耳朵很长"的民族，他们在耳朵上打洞，在耳垂上挂重物，人为地把耳朵拉长。这些耳朵很长的人统治了小岛，直到那些短耳朵的人感到不满，起来推翻了他们。由于"莫埃"雕像几乎都是长耳垂肩，海尔达尔以此认为它们是由那些"长耳人"建造的。岛上居民传说他们来自东方，那儿只有一望无际的大海以及肉眼看不见的南美洲大陆。

海尔达尔决定效仿那些长耳人以及提基和康—提基，乘坐用轻木做成的木筏，横渡太平洋。他们在厄瓜多尔按照印第安人的做法建造了木筏，将船命名为"康—提基号"。1947年4月，在海上漂泊了101天以后，6个人都安然无恙乘坐木筏停靠到了塔希提岛东面一个荒无人烟的南太平洋小岛上。海尔达尔用"康—提基号"的航行证明，古人可以用一只简陋的木筏横渡太平洋。但是这还只是一种可能性，并不能由此证明真的发生过这样的事情。海尔达尔还需要更多的证据来证明南美洲人确实曾在复活节岛上生活过。

不过，在1955年海尔达尔又一次组织的复活节岛之旅后，与他同行的科学家普遍对他的理论产生了怀疑。

因为这时候放射性同位素已经被用来确定古代遗迹的准确年代。通过放射性碳元素测定，早在公元5世纪之前，岛上已有人居住，而最早的"莫埃"雕像经测定始建于公元900～1000年之间。但是秘鲁和玻利维亚高原上的蒂亚瓦纳科文化（海尔达尔认为复活节岛的居民即来源于此），却直到公元1000年前后才开始对南美洲的沿海一带产生影响。在这些南美洲的居民还没有来到高原上的时候，他们如何能够渡过太平洋呢？而且人们在复活节岛上考察时并未发现任何陶罐或纺织品——这两者是秘鲁文化的标志性产品。相比之下，考古学家们在加拉帕戈斯群岛（太平洋群岛中的一个，靠近南美洲）却发现过大量的碎陶片，至少其中的某些是出自在印加人之前生活在南美洲的人之手。

植物学家们发现复活节岛上的芦苇与秘鲁的芦苇属于不同的品种。被海尔达尔认为源自南美的甜番茄，植物学家们则认为它们可能是从波利尼西亚传过来的。

语言学分析表明岛上居民的语言中的许多单词与波利尼西亚语中的对应词非常相似，它们之间的些微差别可能是由于长年隔离而造成的。他们的文字也更接近于波利尼西亚而非秘鲁的文字。

对骨骼进行测量的结果也表明，复活节岛上的居民更接近于东南亚人而非南美洲人。大多数科学家认为早期到过复活节岛的欧洲人关于白皮肤居民的描述是不符合事实的。其他一些人如著名的观察家库克船长则说："就肤色、面貌和语言而论，他们和西面一些岛上的居民非常相似，毫无疑问他们属于同一种族。"

许多科学家认为有关提基和康—提基的古老传说不足为凭。他们对这些东西"采取一种半信半疑的态度"，他们批评说海尔达尔在利用口头传说时断章取义，只强调了那些能够支持他的理论的部分，却忽视了其余的东西。例如，他对复活节岛的首位国王霍图·马图阿来自希瓦瓦岛这一传说就只字未提。希瓦瓦岛是马克萨斯群岛中一座毫不起眼的岛屿，位于复活节岛西北3379千米。人们对"康—提基号"极富戏剧色彩的远航也提出异议。一些人提出，生活在印加人之前的印第安人使用桨，而不用帆，而且秘鲁海滨一带的沙漠也不可能提供制造木筏或独木舟所需的轻木。再者，"康—提基号"曾被拖离海岸93千米，这就使它避开了洋流，这些洋流本来有可能把海尔达尔送到巴拿马海岸的某处，让他根本到不了波利尼西亚。不过海尔达尔还是功不可没的。正是他开创了前往复活节岛的科学考察活动，还带去了一批科学家，并允许他们开展不带任何成见的研究。

波利尼西亚人最早来到复活节岛这一观点得到了普遍认同，这至少能在一定程度上解释那些巨大雕像的成因。祖先崇拜在波利尼西亚非常普遍，因此那些莫埃雕像可能是由岛上的部落或家族建立起来的墓碑，用以纪念他们的先人。马克萨斯群岛还有一种传统，就是在死者的雕像上放一块石头，以示哀悼。莫埃雕像头上的红石头可能由此演化而来。

关于这些巨大雕像还有另外一个谜，许多雕像都从它们的基座上倒下来了，有些还显然被人故意砍掉了头。当罗杰维于1722年到达该岛时，这些雕像还好端端地屹立着，而当库克于1784年到达时看到的却是另一番景象。在1722～1784年之间，是谁故意推倒了它们？海尔达尔推想，可能"短耳人"反抗长耳人统治者时连同他们的雕像都推翻了。不过这

个猜测缺乏考古学方面的证据，没有任何迹象能表明，在复活节岛的那一时期或任何其他时期，曾经突然受到过新文化的影响。

多数科学家认为，生态危机使复活节岛的居民为了日益匮乏的资源而自相残杀。当那些最大的巨石雕像于16世纪被建造起来时，人口的过度增长和滥伐森林已经构成相当严重的环境灾难。这种无节制地建造雕像的狂热行为，可能就表明了人们日益强烈地希望神的力量出面干预，当他们的祖先对这一切无动于衷时，人们就失去了对他们的信仰，并愤怒地把雕像推倒。在20世纪60年代，一些科学家（包括海尔达尔考察队的成员），修复了一些倾斜的莫埃人像，将它们重新安放在基座上。现在它们仍屹立在那里，俯视着岛上的居民以及络绎不绝的游人。

在它们的脚下，就是波涛汹涌的太平洋。

究竟是谁建造了金字塔

在所谓的古代"七大奇迹"中，埃及的金字塔被誉为"七大奇迹"之冠，其中最为壮观的胡夫金字塔建于公元前2600年左右，高约146.5

米，塔基每边长 232 米，绕一周约 1 千米，塔身用平均每块重数吨的 230 万块巨石相互叠积而成，石块之间没有任何黏着物，锋利的刀片都难以插入石块缝隙之间。巍峨壮观，令人赞叹！进入金字塔的通道倾斜深入地下，石壁光滑、刻以精美华丽的浮雕，令人叹为观止，但谁也弄不清古埃及人何以掌握如此精湛的挖掘雕刻技巧，不知他们运用什么样的工具，建筑了人类有史以来最大的单个人工建筑物。要知道在建筑金字塔时，古埃及人类尚未掌握铁器。

埃及金字塔

金字塔被数不清的谜团围绕着。

谜团之一：用途。胡夫金字塔耸立于开罗以西 10 千米外的吉萨高原。那儿荒沙遍地、碎石裸露，是一片不毛之地。为什么要在这里修筑这样的建筑，其目的究竟何在？金字塔究竟是法老的陵墓还是别的用途？

谜团之二：多少人参加了建筑工程？据估计，建造金字塔时，埃及当时的居民必须达到 5000 万人，否则难以维持工程所需的粮食和劳力。但是据考证，在建筑金字塔的年代，全世界的人口只有 2000 万左右。

进一步研究的情况还表明，众多的劳动力必须在农田上耕耘，以保旷日持久的工地上要有足够的粮食。他们都要吃饭。而地势狭长的尼罗河流域所能提供的耕地，似乎不足以维持施工队伍的需求，这支施工队伍少在几十万人，最多时可达百万人之多，他们之中不仅要有工程人员、工人、石匠，还要有一支监护工程施工的军队、大批僧侣，以及法老们的家族。单靠尼罗河流域的农业收成，不可能满足工程的需求。

谜团之三：古埃及人用什么运载巨大石料？传统的看法认为古埃及人是利用滚木运输的办法，将庞大的石料运抵工地的。尼罗河流域树木稀少。在尼罗河岸分布最广、生长最多的是棕榈树，但因为棕榈树的果实是埃及人不可缺少的粮食来源，棕榈树叶又是炎热的沙漠中唯一可以遮阳的材料。大规模砍伐棕榈树等于是自杀。所以，古埃及人不可能大片砍伐棕榈树，而且质地松软的棕榈树干是无法充当滚木的。

或者埃及人从海外进口木材？如果是这样，古埃及人就要拥有一个庞大的船队，渡海将木材运抵亚里山大港后，再溯尼罗河而上，将木材转运到开罗，从开罗装上马车送到工地。且不说当时古埃及人是否拥有庞大的船队，单说陆途运输的马车，还是在金字塔建成的 900 年后才出现在埃及。

谜团之四：空无一物的墓室。早在公元 9 世纪，开罗伊斯兰教总督卡利夫·阿尔玛门就记录了有关胡夫法老的木乃伊遗失的谜团。当时他率领一队石工师傅，从金字塔的北面掘了一条隧道进去挖宝，经过一连串幸运的巧合，找到了这条现代考古学家所称的"玛门穴"的通路。玛门穴可直接衔接金字塔内部几条通路，其中一条为从北面入口进入金字塔以后，便往下行的"下坡道"（入口的位置在古代虽广为人知，但是到玛门时期早已被人遗忘）。更幸运的是，作业时，因石锤、钻岩机等的振动，致使下坡道屋顶上的部分岩石掉落，而暴露出金字塔内部入口处原来便有的"上坡道"。

不过，坡道入口处，也就是坡道中最狭窄的一部分，被几块硕大而坚硬的玄武岩塞住，路被完全堵死。堵塞工程很明显地是在金字塔建造时做的。阿拉伯工人在尝试击碎那块硬石却失败以后，便着手从周围硬度比较低的石灰岩上凿起隧道。经过好几个星期，总算清除掉进入金字塔最大的障碍，而为前进金字塔铺好了路。

清除障碍的工作本身的意义非常明显，它代表过去从来没有盗墓者能够成功地打开过入口。根据古老的传说，金字塔的建造者，在塔内放了很多"坚硬而不会生锈的铁制工具与武器，可以弯曲但不会打破的玻璃器皿，不可思议的符咒……"。

然而，当玛门和他的手下进入房间时，却什么都没有发现，其中一间被错误命名为"王后殿"，里面更是空无一物，只是一间非常朴素，但充满几何趣味设计的房间而已。更令人失望的是王殿（玛门等阿拉伯人显然通过壮丽堂皇的大甬道后才到达此房间）内，也没能找到任何能引起一般人兴趣的东西。房间内唯一的家具，是一具未经任何修饰的大理石石盒，大小正好容一个人躺下，也只因尺寸凑巧的理由，这个箱状石盒后来便被命名为"石棺"。石盒里就如同整个金字塔一般空空如也。如果曾经有宝藏的话，是什么时候，以什么方法消失的？

谜团之五：通风道。在金字塔上坡通道的顶端，有一条以 26 度角往上延伸，最后几乎消失于上方的幽暗大走廊，屋顶的圆顶结构，令人印象深刻。进入大甬道中，有一条往南的平行岔路，1.2 米高，38.7 米长，可通往王后殿。

1993 年 3 月，德国的机器人专家鲁道夫·甘登贝林小心翼翼地操作着一台价值 25 万美元的高科技遥控迷你机器人"乌普瓦特"，在南侧狭窄的通气孔（因古埃及学者相信那是一个让空气进出的洞穴而得名）附近清除瓦砾。3 月 22 日，"乌普瓦特"发现沿陡峭的通风孔往上行 61 米左右后，斜坡道的表面突然变得非常光滑。"乌普瓦特"进入的这段通道，表面材质使用了通常只用来装潢教堂、王墓等神圣场所的土鲁石灰岩。仅这一点便已令人感到惊异万分，而当"乌普瓦特"走到这条斜坡道的尽头时意外地发现，在石堆中竟有一道坚硬的石灰岩大门，上面连金属的附件都一应俱全。

王后殿有两条气孔，一条在南侧，一条在北侧，但令人感到奇妙的是，这两条号称为气孔的通道，并没有出口可通往金字塔外。不知道为了什么原因，当时的建造者故意没有将气口的末端凿开，保留下最后 12.7 厘米的石头，使得一般的入侵者永远看不见，也无法进入这一条空气的通道中。

从一开始人们便发现，王殿有两个非常明显的通气孔，贯穿金字塔南北的墙壁。直至 1872 年，才有一位英国工程师伟恩曼·狄克森，开始怀疑"王殿既有通气孔，那么王后殿也应该有才是"。他敲击王后殿的墙壁后，果真发现了两条通道。首先打开的是南面的通气孔，他要手下比尔·格伦迪手持铁锤和锯子跳进洞穴，开始挖掘。起初工作尚称顺利，很快便凿开了前面比较软（石灰岩）的石头。但是，没有敲打几下后，格伦迪连锯子都被卡在石头里，怎么也进不去了。把格伦迪的锯子卡住的是一条"长方、平行、筒状的隧道，仅仅 23 厘米宽、20 厘米高。从墙壁往内伸 2.1 米后，便开始以陡峭的角度向上，进入未知、黑暗的远方。

从狄克森探险后的 221 年，甘登贝森终于用操纵着机器人走进那未知、黑暗的陡坡，利用遥控机器人的照相机捕捉到许多有趣镜头，尤其令人感兴趣的是，在通风口的末端，有一条 19 世纪制作的长金属棒。这显然是狄克森与他忠心耿耿的部属格伦迪，秘密探测通风口的证据。甘登贝林果然又发现了一扇门，而且还是一扇铁闸吊拉门，不但金属附件俱全，门的下方还有一个令人感到迷惑的沟槽。从乌普瓦特照回来的影像看到一个通向更深、更远、看不到底的黑洞。

谜团之六：大金字塔内的谜团。从 2.1 米宽的地板向上测量，墙壁的高度为 2 ~ 3 米。在墙线之上，为 7 层石块（每块格子向内伸展 3 寸），使得天顶逐渐合拢，而至最高的屋顶处，通道宽度只剩 1.1 米，而高度则升至 8.5 米。

假设埃及人选择把大甬道盖在平地上，长度不超过 6.1 米，以当时的技术而言，就已够困难的。但埃及人还为自己出难题，将甬道以 26 度斜角，盖了足足 46.6 米之长。还用巨型的平行四边形的磨光石灰岩板，铺陈在墙壁上，且石板接缝之紧密，非一般肉眼可以分辨出来。

更令人感到意外的是，金字塔建造者在建筑时，使用了一些非常有趣的对称概念。例如，大甬道的屋顶宽度为 1.1 米，地板的宽度则为 2.1 米。沿着整个大甬道的地板中线，有一条 0.6 米深、1.1 米宽的沟槽，而在沟槽两边，则各为一条 0.55 米宽的石板斜坡道。这一条沟槽的作用为何？为什么正好与屋顶同宽，使得上下看起来非常对称？从下往上看，屋顶的两旁覆有石块，看起来就像一条沟渠一般。

理论上讲，埃及人在建造金字塔时，还处于刚从狩猎式生活中脱出不久的新石器时代文化，他们能够成就如此复杂的工程，着实令人难以想象。

沿着 0.6 米宽的中央沟槽中，近代人在地上用木头铺设了一个地板，再加上扶手，使得上行已不是什么困难的事。但是在古代，石灰岩的地板经打磨后，非常光滑，而向上的坡度又有 26 度之陡，平常人几乎无法走在上面。

远方大甬道的尾端，可模糊地看到"王殿"的入口，顶立在昏暗中，对所有前来参谒但心中充满疑问的旅人招手。

法老的咒语

埃及的大小金字塔，绝大多数都建筑于埃及第三到第六王朝时期。埃及金字塔在四五千年漫长的历史岁月中，始终笼罩着神秘的面纱，充满了各种各样神奇色彩，而其中最令人震惊且毛骨悚然的是金字塔墓碑上的咒语："不论是谁骚扰了法老的安宁，'死神之翼'将在他头上降临。"这些近似神话般的咒语无非是想告诫那些企图窥视墓穴中无价藏宝的后人，以防盗墓。然而，奇怪的是几个世纪来，凡是胆敢进入法老墓穴的，无论是盗墓贼、冒险家，还是科学考察人员，最终都一一应了咒语，不是当场毙命，就是不久后染上奇怪的病症而痛苦地死去。

1922年11月，英国著名的考古学家霍华德·卡特在帝王谷经过了7年的发掘探索，终于打开了图坦卡蒙法老的陵墓，从中发掘出的珠宝、首饰、工艺品、家具、衣物和兵器多达5000多件。这一发现震惊了世界，而就在次年2月18日，发掘工作胜利在望的时候，以巨资支持卡特工作的卡纳冯勋爵在进入墓室后突然患重病死去。他姐姐在回忆录中这样写道："死以前他发着高烧连声叫嚷：'我听见他呼吸的声音，我要随他而去了！'"时隔不久，另一位考古学家莫瑟先生，在发掘工作中曾帮助推倒墓道里一堵主要石壁，也染上了一种近乎神经错乱的病症而毙命。X射线专家道格拉斯，世界上第一个给法老木乃伊拍X光照的人，不久也成了法老墓的牺牲品，日益虚弱地离开人间。以后两年中此项发掘工程人员中，就有22人莫名其妙地暴死。从此，法老墓杀人的消息不胫而走，墓碑上的咒语更成了众说纷纭的不解之谜。

1924年，英籍埃及生物学家怀特带着好奇心进入一座墓穴，令人惊奇的是，他参观后就上吊自缢。临死前，他咬破手指写了千言遗书，声称他的死是法老墓的咒语造成的，自己将带着忏悔心情去见上帝。更令人惊奇不解的是埃及开罗博物馆馆长盖米尔·梅赫来尔的死，他一向根本不信"墓碑咒语"灵验的说法，他声称："我一生与埃及古墓以及木乃伊打过多年交道，我不是还健在吗？"然而，就在这番话语出口不及4星期，梅赫来尔突然暴病西归，时年不足52岁。而且人们注意到，就在他去世的同一天，他曾指挥一队工人将一批珍贵文物打包装箱，而这批令人费解的文物恰恰是从那可怕的图坦卡蒙法老墓中出土的。这一切，使法老墓的传奇更蒙上神秘可怖的黑面纱，墓中的财宝使人们望而生畏而又跃跃欲试，也许这也是法老们生前的意图吧！

此时，人们不禁要问：这些与埃及法老金字塔打交道的人，暴卒的原因是什么？法老墓碑上的咒语是否真有灵验呢？

一种观点认为，墓道壁上有一层粉红色和灰绿色的东西，可能是一层死光，据说它放射出的物质能使人丧命。

也有一些科学家倾向于另一种看法，即古埃及的文明已达到可能以剧毒的害虫或毒物作为特殊武器，来保护埃及统治者的陵墓免受暴力侵犯。1956年，地理学家怀特斯在挖掘罗卡里比陵墓时，就曾遭到蝙蝠的袭击。

近年来有一些科学家试图从生物学上来解释。开罗大学生物学博士、医学教授伊泽廷豪于1963年声称，根据他对博物馆许多考古学家以及工作人员进行定期体检的结果，发现所有体检者肌体均存有一种能引起呼吸道感染和使人发高烧的病毒。进入墓穴的人由于感染上这种病毒，将导致呼吸道发炎最终窒息而死。但墓穴中的这一种病毒为何生命力如此顽强，竟能在木乃伊中生存4000年之久，科学家们就不得而知了。

1983年，一位叫菲利普的法国女医生，经过长期研究后，认为这些人死亡原因都是因为发掘者和参观者对墓中霉菌过敏反应造成的。据她研究，死者病状基本相同——肺部感染，窒息而死。她解释道：古埃及法老死后，随葬品除珍宝、工艺品、衣服外，还放置了各种水果、蔬菜和大量食品，后者长久保存经过千百年的腐烂成为一种肉眼难见的霉菌，黏附在墓穴中。不论是谁，只要吸入这种毒菌后，肺部便急性发作，最后呼吸困难而痛苦地死去。斯特拉斯堡的杜米切恩教授就因钻入刚发掘不久的充满霉菌的陵墓中临摹铭文而一命呜呼。至今为止，这种说法成为较令人信服的解释。

另外一些科学家却认为，所谓法老的"咒语"，很可能来自金字塔构造的本身，其墓道与墓穴的结构设计，能产生、聚集并释放各种射线、磁振荡和能量波，或形成某种神秘的物理场。

孰是孰非，各执一端，要解开这个咒语之谜，看来并不那么容易，至少目前是这样。

人面狮身像之谜

在埃及沙漠中，与金字塔毗邻的人面狮身像，同样有无数难解之谜。

人面狮身像大约有一条街的厚度，和6层楼的高度，面向正东，每年在春分与秋分这两天，可从正面看着太阳升起。石像蹲踞的姿态，就好像它在沉睡好几千年以后，终于决定要提起脚步向前的样子。在地点的选择上，想必当时人曾做过非常仔细的考查测量，才决定了在这个俯视尼罗河谷的位置，就地取材，以比附近的山丘要高上30英尺（约9.14米）的石灰岩山头之石，雕成了人面狮身像的头和颈部分。山丘下侧的长方形石灰岩则被雕成身体，并为和周围的环境做成区隔，以凸显雕刻物，当时的建造者还特别在雕像的周遭挖了一条5.5米宽、7.6米的深沟，使得人面狮身像能够傲然独立，自成一格。

人面狮身像

古埃及人都相信人面狮身像远比有几千年历史的第四王朝法老古老，他们相信人面狮身像会守护"肇始世界开始的吉祥地"，并认定它有"能够遍及全域的神力"，而对它加以崇拜。

公元前1400年左右的第十八王朝的法老图特摩斯四世时，人面狮身像除了头以外，全部被埋没在沙土中，图特摩斯四世将沙土清除以后，便建立起"库存表石碑"。

根据气象资料，在过去5000年来，吉萨高地上的风沙气候并没有重大改变，也就是说，人面狮身像和它的周围受到的风沙侵蚀，应该不比图特摩斯四世的时代更大。从近代史料中不难看出，可能人面狮身像经常被沙土埋没。1818年，有人曾清除过一次人面狮身像上的沙土。到了1886年，为了挖掘遗迹不得不再度清除。但只过了39年后的1925年时，沙土再度将人面狮身像从颈部以下全部封住，迫使埃及考古厅出面，清除沙土，使它恢复原貌。

然而，我们是否可以推论，建造人面狮身像的年代，与今天的埃及气候大不相同？如果建造成这么大的雕像，但过不多久就会被完全埋没于撒哈拉沙漠的沙土中的话，何必还要建造呢？撒哈拉沙漠在地理年代上是个非常年轻的沙漠，在1.1万年到1.5万年前，吉萨地区土壤还相当肥沃。可能在建造人面狮身像时，吉萨是绿洲而不是今天我们所看见的沙漠？就好像今天的肯尼亚、坦桑尼亚一带一样？人面狮身像到底建造于什么年代呢？这仍然是一个谜，有待于进一步探索、研究。

有人认为，人面狮身像是埃及第四王朝的法老卡夫拉（其在位时间是公元前2520～前2494年；卡夫拉这个名字在后来的希腊文中读音也不同）建造的。这是传统历史学观点，它出现在所有埃及学官方教科书、大百科全书、考古杂志和常见的科学文献中。这些文本都表达一个意思，人面狮身像的面部是照卡夫拉本人的模样来雕刻的，人面狮身像的面孔就是卡夫拉国王的脸；这一点已被当成是历史事实了。

美国出版的《国家地理杂志》1991年4月刊和英国出版的《剑桥考古杂志》1992年4月刊分别发表了芝加哥大学东方学院的马克·莱纳教授的文章，马克·莱纳利用"摄影光学数据和电脑图像""证明"了伟大的人面狮身像就是对卡夫拉面孔的临摹。

不过，很多人对用闪长岩雕成的卡夫拉国王雕像的照片在电脑上再造人面狮身像持有不同看法。他们认为，人面狮身像今天的面貌特征不大像卡夫拉的面貌，而更像其他许多法老，例如图特摩斯四世，或者安曼贺泰普四世、拉美西斯二世（正如莱纳承认的那样，这位拉美西斯约在公元前1279年"全面重建"了伟大的人面狮身像，他也是我们所知的最后一位重建人面狮身像的国王）。包括马克·莱纳在内的科学家都认为，人面狮身像的头颅与其躯体相比"太小了"，很可能曾被人大规模重塑过。原来甚至可能像真正的狮子的头，不

过后来因为重雕而变小了，这种可能性不仅是有根据的，而且还很有吸引力。

1993年，一批独立的学者为了解开人面狮身像这个死结而出了一个绝招，他们带了一位侦探到埃及。这位侦探就是纽约警察局法医高手弗兰克·多明哥。此人20多年来，一直在研制一种犯人肖像"鉴别器"，他每天的工作就是分析和研究各式各样的人脸。于是，人们要他详细研究人面狮身像和卡夫拉两者之间的异同之处。数月之后，他从埃及回到纽约自己的工作室，仔细比较了这两种雕像的上千张照片。他最后汇报自己的分析结果说："透过反复分析研究我绘出的图形和测得的数据，我得出的结论与我最初的直觉不谋而合，也就是，这两种雕像各有所表。人面狮身像，从正面看的五官比例尺寸，特别是从不同的侧面看，其五官的角度和面部突出的尺寸，都使我坚信，人面狮身像不是卡夫拉……"

到此为止，我们一边有法医高手弗兰克·多明哥，他告诉我们，人面狮身像的面孔不是卡夫拉的面孔；另一边则有埃及学电脑专家马克·莱纳，他认为用卡夫拉的面孔就可以让人面狮身像"获得新生"。

"三星堆"之谜

三星堆青铜面具

与玛雅文化和埃及金字塔一样沉浸于神秘谜团的，还有我国的三星堆文化遗址。早在 1929 年，四川省广汉市南兴镇月亮湾的农民燕道诚在住宅旁发现了一坑精美的玉器，在不经意间叩开了沉睡三四千年的三星堆文明的大门。随着大批珍稀文物出土，惊人之谜接踵而来：三星堆出土的数量可观模样不同寻常的青铜面具，造型几乎全是粗眉毛、大眼睛、高鼻梁、阔扁嘴，几乎没有下巴颏。这种面具意味着什么？从何而来？属什么人种？在达到其最高峰时，三星堆文明又为何突然从成都平原消失？为人们留下一连串的谜团。

三星堆遗址位于四川广汉南兴镇，距成都 40 千米，面积达 12 平方千米，是四川境内目前所知的范围最广、延续时间最长、文化内涵最为丰富的古蜀文化遗址。燕道诚居住的"月亮湾"，位于三星堆遗址古蜀国内城的宫殿位置，正是当地所说"三星伴月"中的"月"；而"三星"指的是目前在 1 号、2 号祭祀坑出土的三座土堆，"月"与"星"距离很近。古遗址群距今约 4800 年到 3000 年前左右，它的发现将古蜀国的历史

推前，证明了长江流域与黄河流域一样同是中华民族的发祥地。现已发现总面积达 12 平方千米的大型遗址群；已发掘出粮食容器、海贝、青铜雕像、玉石器群等珍贵文物。这里成为四川迄今为止发现的范围最大、出土文物最精美、文化内涵最丰富的古蜀文化遗址。真正使三星堆名扬四海的还是 1986 年两个商代大型祭祀坑的发现，两坑中上千件国宝重器惊骇出世，使世界为之震惊。

70 年来对于三星堆的系列考古发掘和不懈研究，已初步形成了巴蜀文化的考古学年代序列，三星堆遗址的文化面貌、内涵和特征已基本确定。

在巴蜀民间，历来传说蚕丛是其始祖，经柏灌、鱼凫，再延续到后来有较多实物证据的杜宇、开明时期。但是，蚕丛及鱼凫这段历时数千年的历史时期，一直被认为是神话。三星

堆古文化古城古国的发现，彻底地证实了鱼凫族的存在，并初步找到了一些蚕丛氏和柏灌氏存在的线索。

考古材料反映出巴蜀文化的历史进程。在距今5000年左右到3700年以前，成都平原北部形成了一个具有民族文化特色的古代氏族部落群体。到距今4000年左右，三星堆人已形成了"三星堆古文化古城古国"，成为中国与黄河文明等并存的又一古代文明中心。在距今3000年左右，即商末周初时期，三星堆文化突然神秘地消失，给后世留下一片"茫然"，而巴蜀文化的中心则转移到成都地区。

三星堆考古专家们指出，三星堆遗址这个再现于世的"鱼凫"古国，为探讨中华统一多民族国家在各地文明起源的具体形态、进程及相互关系，为整个社会发展史的研究，提供了大量新的认识和新的资料，值得进一步大规模深入研究。

从发掘情况看，三星堆是一座无论规模、布局，还是建筑工艺都令人吃惊的古城。1985年初，四川省文物考古研究所首次提出了三星堆可能是蜀国古都的推断。这一推论很快通过考古发掘得到证实。关于三星堆的神秘消失，四川省考古研究所三星堆工作站站长、三星堆考古专家陈德安介绍说，从现有资料看，整个古城呈北窄南宽布局，东西宽2000米，南北宽2000米，面积约3.5平方千米，估计当时城内居住人口应在3万～5万之间。而城墙墙基宽40余米，顶部宽约20米，可容5辆桑塔纳轿车在城墙上并排行驶。他认为三星堆毁于一场大洪水。他认为当时的三星堆很像今天的成都，北邻鸭子河，马牧河由西而东贯穿全城。虽然由于三星堆的古蜀先民"择水而居"的理念，成就了它的繁荣，同时也埋下了巨大的隐患。

三星堆遗址及其出土文物的许多重大学术问题，至今仍是难以破译的千古之谜。虽然专家学者对其中"七大千古之谜"（即1.三星堆文化来自何方？2.三星堆遗址居民的族属为何？3.三星堆古蜀国的政权性质及宗教形态如何？4.三星堆青铜器群高超的青铜器冶炼技术及青铜文化是如何产生的？5.三星堆古蜀国何以产生、持续多久，又何以突然消亡？6.出土上千件文物的两个坑属何年代及什么性质？7.晚期蜀文化的重大之谜"巴蜀图语"。三星堆出土的金杖等器物上的符号是文字？是族徽？是图画？还是某种宗教符号？）争论不休，但终因无确凿证据而成为悬案。

三星堆博物馆副馆长张继忠道出了谜团长期无法破解的原因：主要是还没有发现任何相关的文字记载。

三星堆文化之谜的破译究竟如何进展，还有待进一步考证。

恐龙骨骼化石

龙的传说之谜

龙，实在是中国文化最古老的谜之一。

汉代学者许慎在《说文解字》中说："龙，鳞虫之长，能幽能明，能细能巨，能短能长。春分而登天，秋分而潜渊。"这种描写，给永远也见不到龙的人们增加了更多神秘感。

关于龙的起源，从古至今不知有多少文人学者进行过考证。今天，人们最终得到了一种比较一致的结论：龙起源于原始氏族社会的图腾崇拜，它是许多种动物图腾的综合体。作为一种共同的观念和意识形态，龙代表着整个中华民族的"图腾"，它浓缩着、沉积着原始社会晚期到阶级社会初期人们强烈的感情、思想、信仰和期望，乃至最后成为中华民族的象征。

那么，龙究竟是什么图腾？或从哪几种图腾中产生的呢？

有的考古学家认为，龙是一种对于爬行动物的原始宗教崇拜的延续和发展，最早的龙就是有角的蛇；有的学者指出，龙的起源最早可以追溯到蜥蜴，新石器时代一些陶器上有这种动物逼真的浮雕；还有的人则认为，龙身来源于蛇，龙首则来自马首和牛首；有的民族学家说，最早的龙应该是鳄鱼而不是蛇，传说时代的"豢龙"，就是古代人工驯养鳄鱼；更多的学者则同意闻一多先生早年的考据：龙是蛇加上各种动物而形成的，即所谓蛇身兽脚、马鬃毛、鬣尾、鹿角、狗爪、鱼鳞和须。

近年来的考古发现，为探索龙的起源提供了一些材料，其中主要有：河南濮阳仰韶文化层中蚌壳摆出的龙；山西襄汾陶寺村龙山文化遗址出土的龙纹陶盘；内蒙古翁牛特旗三星他拉村红山文化遗址出土的玉龙；河南偃师二里头商代以前的龙纹陶片；内蒙古昭乌达盟傲汉旗大甸子商文化出土的龙纹彩陶盆；河南安阳殷墟妇好墓出土的玉龙等等。其中濮阳仰韶文化层中的蚌龙，距今已有六千年左右的历史了，即产生于原始社会之末、夏王朝诞生之前。由此可见，龙起源于原始社会已确凿无疑。而今天人们所熟知的龙的形象，大体在汉代就已经形成。在先秦时代，龙经历了无数次人为的装饰。根据考古发现，我们似乎有理由确认龙的主体是蛇。在我国新石器时代晚期，以蛇为图腾的原始氏族遍布黄河中下游流域和大江南北。蛇是中国古代最普遍的一种动物图腾，在许多遗址的陶器上都有描绘和刻画。

我们还看到，中国历史上流传着许多美丽动人的神话传说，处于原始社会晚期的盘古氏、女娲氏及三皇五帝，《山海经》中的共工、相柳、贰负，《竹书纪年》中属于伏羲氏系统的长龙氏、潜龙氏、屠龙氏、降龙氏、上龙氏、水龙氏、青龙氏，赤龙氏、白龙氏……这一大群人首蛇身或披鳞长角的龙蛇，无不和古老的氏族部落图腾崇拜有密切联系。至汉代，大量画像石、画像砖和绢帛画上表现的伏羲女娲交尾图，有人认为是龙的起源的一种象征。实际上，至春秋时代，或至屈原在《天问》中最先描述女娲之前，龙的基本形象已经形成了。传说中的伏羲女娲可能继承了龙的某些传统，但并没有进一步丰富龙的形象。

迄今为止，关于龙的起源在学术界仍然有许多种意见。众说纷纭，既难统一，争论也不容易继续下去了。现在，人们都寄希望于田野考古新发现。因为，在没有文献记录的原始社会中，对某种传说中事物的验证唯有借助于考古发现来推断。所以我们说，龙的起源之谜也许将来能从氏族先民遗留下来的物质文化中找到更多的答案。

难以破解的历史之谜

长城之谜

长城，对于中华民族、对于炎黄子孙，它的意义绝不仅仅在于一个古代的城墙。在浩瀚的历史长河中，它已与黄河、长江融为一体，成为民族尊严和智慧的象征。

很多人都认为长城是秦始皇修建的，其实，长城早在秦始皇之前就已经存在了。早在4600多年前的屈家岭文化时期，人们就修筑了周长1000～2000米、高8米以上的城池，这为几千年之后春秋战国时期长城的修筑奠定了基础。战国时期，社会动荡，战乱连绵，黄河、长江流域出现了秦、楚、燕、韩、赵、魏、齐七个较具实力和规模的诸侯国，他们在征战中已经开始使用骑兵，而骑兵的攻城能力和速度大大提高，所以，为了维护自身利益，防御他国进攻，各诸侯国纷纷在自己的边境修筑长长的防护墙，这就是早期的长城。据《左传》记载，当年楚国就是凭借长城（当时称方城）做城防，加上有汉水做护城河，才避免了当时已然称霸的齐桓公的强行攻打，可见这高高的城墙在防御骑兵的攻打上是很有威力的。而且，秦、赵、燕三国经常受到与之毗邻的匈奴的威胁，匈奴生活落后，就以战争和掠夺作为获取财富的主要手段，经常挑起事端。于是这三个国家在北方修筑了长城。所以，在秦始皇以前，秦昭王长城、赵长城和燕长城就已经存在了，待秦始皇统一中国后，又派将军蒙恬发兵30万取河南，采取"可缮者治之"的政策，一方面修补和治理那些仍然可以发挥功用的旧长城，把秦、赵、燕三国原有的长城连接起来，以更有效地防范匈奴，另一方面又扩建了新长城，使当时的长城西起临洮，东至辽东，万里长城初具规模。

后来，两汉为了防范匈奴，北

长 城

魏、东魏时为了抵抗柔然，北齐、北周、隋朝为抵抗突厥，明代为抵抗蒙古、鞑靼、瓦剌、女真等少数民族的入侵，都修建了不同规模的长城。特别是明朝时期，边患不断，于是他们沿袭了古代修建长城抵抗侵略的办法，从洪武初年修筑居庸关和山海关开始，到嘉靖年间已经完成了东起鸭绿江，西至嘉峪关，全长 3650 千米的雄伟长城。明长城较之秦长城，其工程更为艰巨，气势更为恢弘。今天我们所见到的长城，绝大部分都是明代修建的。八达岭长城就是一例。它依傍山势，在建筑材料上又多采用瓦、石，较之沙土夯筑更为费工费时。在八达岭长城发现的一块明朝石碑上，记载了当年几千名戍边官兵和许许多多的民夫修筑的一段 231 米长的工程，可见今日的长城曾经凝结着古代劳动人民多少的血泪甚至生命。

长城这条华夏巨龙，气势磅礴地奔腾在我们祖国的群山之巅。当我们明晓了一些关于长城的历史，会发现这几乎就是一部抗御强敌的历史，它的功过是非至今仍是毁誉参半。长城一方面有效地防范了匈奴等民族的侵扰和掠夺，保卫了国家和人民生命财产；另一方面，深重的徭役之苦又让无辜的百姓付出了惨痛的代价，甚至出现了"道路死者以沟量"的记载。所以，我们在无限珍惜、爱护和崇尚长城这样一个伟大的世界文化遗产的同时，也同样充满真诚地呼唤和平，但愿今后我们所修筑的不再是以防范为目的的城墙，而是象征沟通与理解、和平与发展的桥梁。

传国玉玺之谜

玺是封建时代皇帝的宝印。在无数宝玺中，秦制"传国玺"被称为天下共传的"至宝"。几千年来有关它的种种传说无不充满了神秘的色彩，甚至在 2000 多年后的 1924 年 11 月，末代皇帝溥仪被逐出宫时，警察总监鹿钟麟等还在追索这块"历朝相传的金镶玉玺"。

传说春秋时，楚人卞和在荆山（今湖北南漳县）见凤凰栖落青石上。古人曾有"凤凰不落无宝地"

之说，于是他将此璞献给楚厉王，经玉工辨识认为是石块。卞和以欺君罪被刖左足。楚武王即位，卞和又去献宝，仍以前罪断去右足。至楚文王时，卞和抱玉痛哭于荆山下，文王命人剖璞，果得宝玉，雕琢成璧，人称"和氏璧"。

400年后，楚相国昭阳，灭赵败魏，威王将和氏璧赏赐昭阳。一日，昭阳率百余宾客浏览赤山，席中应众人之请，出璧传视。其时山下深潭有丈余长大鱼及无数小鱼跃出水面，众人争睹奇迹，以至散席，和氏璧不翼而飞。当时未发迹的纵横家张仪，正在昭阳门下，众疑"仪贫无行，必此盗相君之璧，共执张仪，掠笞数百"，但和氏璧终无下落。

50余年后，赵国太监缪贤偶以500金购得和氏璧，赵惠文王闻讯，将璧占为己有。秦昭襄王获悉和氏璧在赵，假以15城换璧。赵王无奈，遂派蔺相如怀璧使秦。蔺不辱使命，设计"完璧归赵"。61年后，秦灭赵，和氏璧落入秦国。秦嬴政统一中国，"称始皇帝"，皇帝宝玺自然要选用天下绝无仅有的宝贝。于是始皇命宰相李斯磨和氏璧做皇帝玺，并想代代相传，因此称其为"传国玺"。公元前219年，秦始皇乘龙舟行至洞庭湘山，风浪骤起，龙舟将倾，秦始皇忙抛传国玺于湖中，祀神镇浪。8年后，使者过华阴平舒道，有人持璧曰："为吾遗滈池君。"传国玺失而复得。其事真假难辨，成为千古疑团。

刘邦率兵入咸阳，秦王"子婴上始皇玺"。刘邦称帝"服之，代代相受"，号曰"汉传国玺"。

西汉末年，王莽篡政。小皇帝刘婴仅两岁，玺由王莽姑母汉孝元太后代管。莽命弟王舜进长乐宫索玺。后见舜怒斥："而属父子宗族蒙汉家力，富贵累世……乘便利时，夺取国玺，不复顾恩义，如此者，狗猪不食其余！"（《汉书·元后传》）随即将玺"投之地"。传国玺被摔缺一角，经黄金镶补，但终难天衣无缝，天下至宝，从此留下瑕痕。光武中兴，"莽败，李松持玺诣宛上更始"，后归刘秀。东汉末期，十常侍作乱，汉少帝夜出北宫避难，仓促间未带传国玺，返宫后传国玺查无下落。

不久，"十八路诸侯讨董卓"，长沙太守孙坚攻入洛阳，从城南甄官井捞出宫女的尸体，在项下锦囊中金锁关闭的朱红小匣内取出玉玺。玉玺方圆四寸，上镌五龙交纽，旁缺一角，以黄金镶补，下有篆文："受命于天，并既寿永昌。"此文传为李斯所书。孙坚获传国玺，心生异念，但不久阵亡岘山。袁术乘孙坚妻吴氏扶榇归里，"乃拘坚夫人而夺之"。袁术死后，其妻扶棺奔庐江，广陵太守徐璆，依袁术先例抢传国玺献曹操。三国鼎峙，玺属魏。三国归晋，玺传晋。

西晋末年，五胡十六国更迭频繁。传国玺像是被猎犬追逐的猎物，被不停地争来夺去。每一次的交替易手，就伴随着一场血腥的残杀。晋怀帝永嘉五年，"玺落前赵刘聪"之手。东晋咸和四年，石勒灭前赵，玺属后赵。冉闵杀后赵石鉴，夺得传国玺。公元352年，慕容俊克冉魏邺城，宣称闵妻已献传国玺，封其为"奉玺君"，改年号为"元玺"，建大燕国（即前燕）。其实当时传国玺已被濮阳太守戴施偷献于晋穆帝，慕容俊只是导演了一场自欺欺人的骗局，妄想以所谓"天命"来维持其统治而已。传国玺归东晋后，经刘宋、齐、梁、陈、隋，最后落入唐高祖李渊之手。从此，玺改称为"宝"。

传国玺从发现和氏璧始，传至唐末，计1620余年，像这样被历朝传递1000多年的历史文物，在世界史上亦属罕见。令人可惜的是，传国玺于五代时突然失踪。宋太祖"陈桥兵变"受禅后周，仅获后周两方宝印，未获传国玺。

由于历代封建统治者极力宣扬获得传国玺是"天命所归"、"祥瑞之兆"，因此，在宋、元、明、清，均有真真假假的"传国玺"不断问世并屡经发现。如宋绍圣三年，咸阳段义于河南乡掘地修舍，获一方"色绿如兰，温润而泽"、"背螭纽五盘"的玉印，经翰林学士蔡京等13名官员"考证"，奏称哲宗为"真秦制传国玺"。

明弘治十三年，鄂县毛志学在泥河滨得传国玺，由陕西巡抚熊羽中呈献明孝宗皇帝。但孝宗疑其伪"却而不用"。

明末，相传由元末元顺帝带入沙漠的传国玺竟被金太宗于"上年八月得元代传国玺于元裔林丹汗之苏泰太后"，太宗由此"乃定立国之计"，改国号"金"为"清"。

清初，故宫交泰殿藏御玺39方，其中一方"受命于天既寿永昌"的玉玺被人称为传国玺。公元1746年，乾隆皇帝从中钦定25方宝玺时，将此方宝玺剔除在外。由此可见，这是一块伪造的赝品。

真正的传国玺到底在哪里？千百年来，众说纷纭，莫衷一是。也许随着历史的发展，终有一天人们能解开传国玺失踪的千古疑案！

三皇五帝之谜

"自从盘古开天地，三皇五帝到如今。"我们经常会这样说。然而，当别人问起三皇五帝究竟是谁时，大家通常都很茫然。

先说三皇吧。三皇总名最早见于《吕氏春秋》，三皇的分名最早见于《史记·始皇本纪》中的李斯奏议，李斯说："古有天皇，有地皇，有泰皇，泰皇最贵。"而《春秋纬·命历序》则以为三皇是天皇、地皇和人皇，用人皇夺泰皇之位。到了宋代，罗苹注《路史》引孔衍《春秋后语》力图调解这个矛盾，认为泰皇即人皇。

这个矛盾暂时解决了，而五帝配三皇的矛盾更为突出，仅汉代学者之间就至少有四种不同说法。一种意见认为三皇为伏羲、女娲和神农；另一种意见认为是伏羲、神农和燧人；第三种意见认为是伏羲、神农和祝融；最后一种意见则认为是伏羲、神农和共工。

在这四种意见中，伏羲、神农为各家所共有。将女娲列入三皇，是因为这位女英雄不仅"补苍天"、"立四极"，而且"抟黄土作人，剧务力不暇供，乃引绳于泥中，举以为人"，

创造了人类；燧人钻木取火，使人们能吃到美味的熟食，促进了人类自身的进化，列为三皇，理所当然；祝融即重黎，《山海经》说他"绝地通天"，分人神之界，自然可为三皇之一；至于共工，在与颛顼的战斗中，"怒而触不周之山，天柱折，地维绝，天倾西北，故日月星辰移焉；地不满东南，故水潦尘埃归焉"，改变了人类的生存环境，列为三皇，不亦宜乎？

三皇无定说，自古如此。那么五帝的情况又怎样呢？

五帝说大概形成于周秦之际，起源于五方帝、五色帝之祠，甲骨文中的"方帝"、"帝方"指的就是五方帝之祀。但五帝的组合，自古以来也有着不同的说法。一种意见认为五帝即太皞、炎帝、黄帝、少皞和颛顼；另一种意见则认为是黄帝、颛顼、帝喾和尧、舜。东汉的郑玄还提出"五帝为六人"之说。

哪种说法最有根据呢？看来必须逐一审查他们的历史和功绩。

根据《国语·晋语》，黄帝、炎帝同出生于少典，而少典为国名或父名则众说不一。但习惯上所谓中华民族同为炎、黄子孙，炎、黄列为五帝看来不成问题。

《史记·五帝本纪》说："黄帝

者，少典之子，姓公孙，名曰轩辕。"《龙鱼河图》说："天遣玄女下援黄帝兵信神符，制伏蚩尤……以制八方。"在早期部落之间的战争中，黄帝对于中华民族的形成是有功绩的。而且其功绩还不止于此，《史记正义》说："黄帝以前，未有衣裳屋宇，及黄帝造屋宇，制衣服，营殡葬，万民故免存亡之难"，"教民江湖陂泽山林原隰皆收采禁捕以时，用之有节，令得其利也"。

至于炎帝，也为少典之子，与黄帝兄弟相继，但《帝王世纪》认为炎黄之间凡隔 8 帝，500 余年，显然认为非信史。班固说炎帝"教民耕农，故号曰神农氏"，对古老的农业生产作出了贡献。

颛顼号高阳氏，司马迁说他是黄帝次子昌意的儿子，"静渊以有谋，疏通而知事；养材以任地，载时以象天"。他命重任南正之官，掌管祭祀天神，命黎任北正（一作火正）之官，掌管民事，更大的贡献是扩大了民族活动的范围，北至幽陵，南至交趾，西至流沙，东至蟠木。

帝喾高辛氏，黄帝长子玄嚣的孙子，其伯祖父颛顼在位时被立为族子。《帝王纪》说他"年十五而佐颛顼，三十登位"。《五帝本纪》说他"生而神灵，自言其名，普施利物，

不于其身。聪以知远，明以察微，顺天之意，知民之急。仁而威，惠而信，修身而天下服。取地之财而节用之，抚教万民而利诲之"，而且生有一个伟大的儿子帝尧。

帝尧，名放勋，号陶唐。司马迁说他"命羲和，敬顺昊天，数法日月星辰，敬受民时"。对于以农业立国的中华民族来说，制定历法，授民以时，在古代，比什么都重要。

说到帝舜，人们不禁想到他对盲父和后母的"笃谨"孝道，这对中国的伦理道德起到正反两个方面的影响。他继尧位，南巡狩，崩于苍梧之野，以身殉职，也是令人难以忘怀的。

五帝之中，最复杂的是太暤和少昊。太暤亦作太皓，风姓，以龙为官，一说即伏羲氏。少昊又作少暤，名挚，号金天氏，以鸟为官，传说他们均为东夷族。自崔述以来，一般认为少昊为太暤之后，近人根据《世本》"少昊，黄帝之子，名契"，认为少昊即契，而契亦传为帝喾之子；因此认为太暤即帝喾，二人均为殷人祖先。

根据上面的"审查"，他们都有资格列入五帝，然而，由于名额的限制，又不能一一满足他们的要求，这就使得史学家不知所从了！

其实，三皇五帝传说的分歧，是我国多民族发展的产物，它曲折地反映了民族融合的进步趋势。早在进入文明时代之前，在祖国辽阔的土地上，就形成了华夏族、苗族以及当时被华夏族称为蛮、夷、戎、狄等许多兄弟民族。说华夏族为黄、炎之后，这实际上反映了华夏族是由以黄帝、炎帝为代表的两个有血缘亲属关系的氏族经过长期发展而成的。所谓帝，只不过是中国原始社会部落联盟时期军事首长的称谓。

成吉思汗陵墓之谜

成吉思汗一生都在征战中，于1227年率军攻打西夏时因病身亡。据说遵从成吉思汗"秘不发丧"的遗命，他的遗体被送回故乡后，深埋陵墓，然后千军万马不停踩踏，因此从地表根本看不出他的遗体究竟在哪里。随着时间的流逝，当初的坟地已被掩盖在茂密的森林下面。所以现在，成吉思汗真正的葬身之地成为一个解不开的谜。现位于内蒙古自治区伊金霍洛旗的成吉思汗陵，并不是成吉思汗真正的葬身之处，而是1954年建立的一个象征性陵寝。

那么成吉思汗的遗体到底埋葬在哪里？至今没有一个准确可信的说法。

据《马可·波罗游记》记载，成吉思汗遗体安放在阿勒泰山上。成吉思汗在率兵远征西夏时死于甘肃清水县，他临终前命令秘不发丧，以免涣散军心。诸将于是把他的灵柩运回蒙古安葬，"在把君主的灵柩运往阿勒泰山的途中，护送的人将沿途遇到的所有人作为殉葬者"。中国史书中的记载内容不详，或说"起辇谷"，或说"不儿罕山"（今蒙古人民共和国的大肯特山）。

成吉思汗陵

中国新疆博物馆的考古学者在新疆北部阿勒泰山脉所在的青和县三道海附近，发现了一座人工改造的大山，怀疑这是成吉思汗的葬身陵墓，但也未能确认。

其实不只成吉思汗，元朝君主的陵墓都未能得到确切考证，这与元代的丧葬风俗有关。元朝虽然入主中原，却仍然保留了蒙古习俗，如在葬制习俗上，贵族仍实行秘密深埋习俗。据史料记载，蒙古贵族死后不起坟，埋葬之后，"以马揉之使平"，然后在这片墓地上，当着母骆驼的面，把子骆驼杀死，淋血在地上，派千骑士兵守护。到来年的春天，草生长茂盛之后，士兵迁帐撤走，而一般人所看到的只是茫茫草原，不知其墓地所在。如果皇帝要祭祀时，就拉着那只母骆驼引路，若见到母骆驼悲鸣之处，就算是墓地了。由于墓地上无任何标志，也就无法辨认灵柩真正所在地（《草木子》）。

现今成吉思汗的陵园坐落在内蒙古伊金霍洛旗阿腾席连镇东南面的敖包上，号称"八白室"。"八白室"是由八间白色的建筑构成。由于蒙古贵族有葬后灭迹、不留坟冢的习俗，埋葬地点不为人知，无从祭祀，所以，为了纪念祖先，便创立了经常可以祭祀纪念的灵庙，这种灵庙就叫做"八白室"。《蒙古源流》一书记载："因不能请出金身，遂造长陵共仰庇护，于彼处另立白屋八间，在阿尔台山阴、哈岱山阳之谓特克地方建立陵寝，号为索多博克达明成吉思汗。其后遂留传至今。"

相传 1226 年，成吉思汗率兵征讨西夏时，路经蒙古西南部高原（鄂尔多斯高原）的时候，来到了这个地方。这时正是春光明媚的时节，一片迷人的景色吸引了他，使他久久不忍离去。他在沉思很久之后，对周围人说："我看这个地方太美了，死后就把我葬在这里吧!"果然，在西征的第二年（1227 年），他就病死在清水县军中了。他的遗体由诸王和那颜（蒙古贵族首领）按照他生前的愿望，千里迢迢运到这里安葬。从此，人们便把这里称为伊金霍洛，意为"主人的陵园"。

成吉思汗陵的现有建筑，是新中国成立以后重新修建的。1939 年抗日战争时期，德王秘密派遣蒙奸、汉奸进行阴谋活动，企图将成吉思汗陵盗窃去归绥。内蒙古广大人民得知这一消息后，提出了强烈抗议。在广大人民和抗日爱国人士沙王等提出迁移的呼吁下，国民党政府被迫成立移陵委员会，和沙王等人一起办理移陵之事。成吉思汗陵于 1939 年 5 月开始迁移，先迁到了甘肃省榆中县兴隆山，在榆中县放置了 11 年后，又移置到青海省塔尔寺。新中国成立以后，应内蒙古各族人民的要求，于 1954 年春，由内蒙古自治区组成迎接成吉思汗灵柩回蒙的代表团，专程前往塔尔寺，同年 4 月 1 日将灵柩接回伊金霍洛。中央拨专款 80 万元，重建了陵园。

楔形文字之谜

约公元前4000年，在希腊语称为"美索不达米亚"的地方，即底格里斯河和幼发拉底河之间的地区，已经产生了文明。约在公元前3000年，两河之南的苏美尔人已经建立了数以十计的城邦，这是迄今知道的人类最早的文明，史称"两河文明"。

两河流域文明曾被历史湮没，到了19世纪经过一系列的考古发掘才重新被世人所知。19世纪德国哥丁

楔形文字的泥版

根大学希腊文教授格劳特芬德，耗时多年终于解读了波斯石刻上的40个楔形文字中的8个字，并运用这8个字读出了石刻上3个国王的姓名。1835年英国人亨利·罗林生以同样的方法，释读了那8个字，此后，又释读了贝希斯敦石崖上的碑文。1848

年至1879年，欧洲人在原亚述首都尼尼微进行了一次重大的发掘，挖掘出2万多片刻有楔形文字的泥版和5万多件各种文物。这为进一步了解古代两河文明奠定了基础。

根据考古资料推断，古代两河流域的文字体系源于苏美尔。约公元前4000年后期，苏美尔人创造了象形文字。但是象形文字有它的局限性，只能表达某种具体事物，无法表示抽象的概念。公元前3000年，这种文字发展成为楔形文字。因为苏美尔人通常用平头的芦竿在未干的软泥版上印刻出字迹，所以它的笔道非常自然地都呈楔形。最初，苏美尔人把楔形文字刻成直行，自左上方下行。后来为书写得更清晰和避免已写出的文字受损，书写的方式改为每行由左至右，各行自上而下。

楔形文字是由一个音节符号和音素符号组成的集合体，总计约350个。它的结构相当复杂，在阿卡德时代应用的领域日渐拓宽。巴比伦和亚述帝国兴起后，楔形文字不仅是实体事物的记录，也发展成为供宗教、历史、文学、法律等方面使用的文字。它对周围地区的影响很大，埃兰人、赫梯人、胡里特人、米坦尼人先后采用楔形文字表达自己的语言。

两河流域很早就有了文学作品，

在苏美尔时期，文学作品以诗作为多。作品的主题大多是礼赞神祇、英雄和君王，具有宗教和神话的性质。例如，苏美尔人有一则关于洪水的神话传说，后来被犹太人吸收改造成为洪水和诺亚方舟的故事，再现在《圣经·旧约全书》的《创世纪》中，后经基督教的宣传，诺亚方舟的故事广为流传。

在巴比伦时代，大部分文学作品采用阿卡德语，但作品的形式与内容、主题与情节和风格仍是苏美尔时代的，无非已经过加工雕琢，增加了新的风采。

在这一时期也有一些反映当时社会阶级矛盾、寓意深刻的佳作，如《主人与奴隶的对话》描写了主人和奴隶就 12 个问题进行的简短对话，揭示了在奴隶制度下奴隶无法生存的哲理。

自然科学在古代两河流域已有发展，早在苏美尔·阿卡德时代，天文学就已产生。苏美尔人在观察月亮运行规律的基础上编制了太阴历。他们把两次新月出现的期间作为一个月，每月包括 29 天或 30 天。又根据月的圆缺和季节变化，分一年为 12 个月，6 个月为 29 天，6 个月为 30 天，每年 354 天。它比太阳年（365 天 5 时 48 分 46 秒）短 11 多天，为此设置闰月加以调整。古巴比伦时期，人们已能将肉眼看到的星体绘成星图，能够把恒星和五大行星区别开来，还观测出太阳在恒星背景上的视运动轨道——黄道。以后，巴比伦人又区分出黄道上的 12 个星座，绘出黄道 12 宫的图形。新巴比伦时代，人们能够预测日食、月食和行星的会冲现象。同时，人们又以 7 天为一周，分别以日、月、火、水、木、金、土七个星的名字作为星期日至星期六的名称。置闰的方法也在进步，至公元前 6 世纪后期，巴比伦人已先后有了 8 年 3 闰和 27 年 10 闰的规定。然而，两河流域的天文知识是与占星术紧密相连的，带有许多迷信的成分。

在苏美尔时代，人们对 1～5 的数字已有了专门的名称，对"10"这个数也有了特别的符号。在巴比伦时代已兼用 10 进位和 60 进位，并把 60 进位法用于计算周天的度数和计时，如周天的度数为 360，1 小时为 60 分，1 分为 60 秒等。古巴比伦人已经掌握四则运算、平方、立方和求平方根、立方根的法则，还会解三个未知数的方程式。他们得出的圆周率常数为 3，与今天使用的圆周率非常接近。总之，两河流域在天文、历法和数学方面的成就不仅对当时各国产生了影响，而且也对希腊、罗马发生了影响。以 7 天为一周，分圆周为360 度等，直到现在仍在沿用。

在建筑艺术方面，约公元前4000 年中期，苏美尔地区就存在多级寺塔的建筑。由于两河流域石材匮乏，这种寺塔都用生砖（土坯）筑成，下面的几级都没有内室，实际上是一层层台基，只有最上一层才有一个小神庙。这时已经存在砖砌的拱门和圆柱。苏美尔·阿卡德国家形成以后，又有了王宫建筑。苏美尔人发明的拱门、拱顶和穹隆结构经常用于陵墓和房舍建筑，这极大地影响了两河流域地区的建筑。

亚述帝国时期出现了大规模的王宫建筑，王宫建筑在高大的台基上，有许多宫室和附属建筑。王宫大门两边墙上有一些人面兽身的浮雕，门口还有一对 3 米或 4 米高的人头、狮身、鹫翼、牛脚的雕像。王宫墙壁上装饰着许多浮雕，一般都是表现国王出征、狩猎和宫廷生活的题材。亚述人喜欢塑造临危不惧、冷静果敢的猎手，陷入绝境而凶相毕露的狮子，身受重伤犹垂死挣扎的野兽等。这些浮雕中的人物一般表现得比较呆板，而动物则刻画得生动逼真。新巴比伦时期，城郭和王宫修筑得更加壮丽，主要城门两边和王宫墙壁上都用彩色琉璃砖镶出种种动物的图案。这一时期

最有名的建筑是王宫里的"空中花园"，它实际上是一座土台，最高处达 25 米。由于两河流域的建筑系用砖、土为材料，所以不能像埃及的金字塔和神庙那样坚固耐久、长久遗存。

印加人结绳记事之谜

通常人们认为文字是最基本的信息传递手段，是社会文明发展的载体。印加人有没有自己的文字，这是历史学家们长期争论不休的一个问题。有的学者认为，印加陶器上那些类似豆子的符号是一种尚未破译的特殊的会意文字。有的学者则认为，16世纪以来，在库斯科太阳神庙里的金柜装饰物上的那些"图画"就是传说中的象形文字。1980 年 5 月，英国工程师威廉·伯恩斯·格林在经过 7年考证后，发表了题为《介绍印加人的秘密文字符号》的学术论文，认为印加文字由 16 个辅音和 15 个元音组成，这种秘密文字是美洲最早的象形和表意文字之一。然而，大多数学者指出，上述几种论断都还缺乏令人信服的根据。我们认为，印加人虽然没有自己的文字，但创造了结绳记事的方法，管理有序的驿道制度和有关宗

教和技艺的教育制度，有效地促进了文明的传播，也有效地维系着印加帝国的正常运转。

印加结绳记事方法有两种，即基普和基尔卡，主要用于辅助记忆、统计和记事。但这两种方法通常为少数祭司、贵族所垄断。

基普是印加人用羊驼毛或骆马毛编成各种结的彩色绳子。具体地讲，基普是在一个横粗的主绳上垂直地系上许多根细绳，有时多达 100 根，像缨子一样垂着。并在垂着的细绳上距主绳不同的距离处打着一个个结头。结头的形状和数量表示数目。距主绳最近的结是个位，再上一个结是十位，然后是百位和千位，越是大数越接近主绳。人们认为基普上最大的数不超过 10000。印加人还不知道零的概念，所以在基普上没有表示出来。1981 年 1 月 19 日，在利马省拉帕斯村发现的印加古记事绳长 250 米，这是迄今发现的最长的记事绳。

细绳的不同颜色表示不同的事物。据专家们研究，褐色表示马铃薯，白色代表银，黄色代表金，黑色表示时间，红色代表士兵。印加人借助绳的颜色、结的形状、大小和位置，来记载各种重要事件和自然现象，也用来进行各种统计，特别是村社社员的人口统计。有人认为，印加

境内各地区还存在一种历史基普，用于辅助记忆，记载印加国的编年史。对此，比较谨慎的专家则认为，这还有待于深入调查研究。总之，基普是一种辅助记忆的手段，而不是一种文字形式。

基尔卡是另一种辅助记忆的手段。具体地说，基尔卡就是画在毛织品、布板、石板上的没有年表的历史图画符号。基尔卡的形式是多种多样的。一种是在一些奇怪的石板上画有像堡垒开放状的一排排四边形。有的学者认为这是一种计算和统计的符号。还有的是在一些布板或织物上画上历史图画符号。据最初侵入印加帝国的西班牙人记述，他们在库斯科的太阳神庙附近的一所专门的祭司秘房中，发现了贴在木板上的大幅粗布画，画有印加人的传说和历史事件。这间秘房，除了印加王和专门负责保管的祭司外，其他人不能进入。16 世纪，西班牙驻秘鲁殖民总督托莱多曾亲眼见到过那种布板，上面画着印加统治者的像，人像的周围有关于印加神话传说的符号。由于布板的金框被西班牙殖民者劫走，金框中的历史图画被毁，所以，印加人的历史图画符号都没有保存下来。

善于利用基普的专门祭司或官员，称为"基普卡马约克"。他们是

印加帝国的会计兼秘书，其职责主要是陪同印加王的钦差大臣——图库伊里库，到全国各地视察。钦差大臣是帝国朝廷和各地酋长之间的联系人，也是帝国重要公共工程的组织者。钦差大臣根据印加王和国家的需要，编制劳力统计，征收贡物，挑选民间美女，增减地方官员等。钦差大臣每到一地，按村社为单位召集村民会议。基普卡马约克根据到场人数进行统计，分派贡物，征召新的奴隶和美女。基普卡马约克的另一项重要任务是收集描绘发生过的重大历史事件的图画符号，并把它送往库斯科，备王宫秘密收藏。

如果从传递信息手段的角度来理解，印加人没有文字是一个很大的遗憾，但印加人创造了驿道制度，弥补了这方面的缺陷。交通建设和良好管理是印加人通讯技术和文化上的巨大成就。

古代印加铺砌的驿道，攀山越岭，跨河渡谷，绵延数千里。有两条道路自北而南，贯通全国。一条是沿海道路，北起厄瓜多尔的通贝斯，纵断沙漠向南贯通秘鲁地带。进入智利中部，全长 4000 千米。另一条道路是高原道路，北起哥伦比亚，贯穿厄瓜多尔、秘鲁、玻利维亚，进入阿根廷，最终抵达智利，全长 5600 千米。

从这两条主干道分出许多小道，把首都同最遥远的地方连接在一起。主干道宽 3.5 ~ 4.5 米。道路通过有灌溉渠道的平原地区时，常有栅栏围护，栅栏上饰有动物图像和浅浮雕，精美绝伦。在有些地方，渠道和道路平行，道路两旁栽有果树。在沼泽地带或容易泛滥的地区，道路则筑在石堤上，有时高达 1 ~ 2 米。经过沙漠地区时，道路两边立有树桩。沿高原筑路时，为了人们便于攀登，道路还筑成曲折形；在坡度很陡的地方，则凿成梯级，在岩壁处，则穿凿隧道。在道路被河流和峡谷切断的地方，人们还架设桥梁，铺上横木。有时用大石板，长 3 ~ 4 米。印加人制造的吊桥，巧夺天工，享有极高的声誉。桥是架设在深渊之上的，吊桥的支柱为石柱，分别立在河流或深渊的两边。在这些石柱上拴着 5 条用柔韧树枝或藤条编成的粗索。三条粗绳构成桥体，两条做栏杆，下面的粗索用树枝编缠住，然后在上面铺上横板。栏杆的粗索也与下面的粗索编结，从两侧加固桥身。桥的中部因本身重力而下垂，整个桥身因振动而摇摆。有的吊桥竟长达 60 米。为了保护桥梁和道路，派有专门的管理人员看护和保养，附近村民必须认真维修，不得有误。当时印加人既无马车也无带轮车，通报信息，全凭接力快跑传递，公路两旁设有驿站，驻有驿卒，负责传递信息。古印加人靠接力传信息之快，每天竟达 225 千米。据说，南部沿海捕获的鲜鱼，运到库斯科献给印加王，只需两天时间。印加人的烽火信号系统组织严密，一旦遇到紧急情况，在很短的时间内，便可传到很远的地方。印加人修筑道路，其工程水平，远远超过罗马帝国，可以说是当时世界上最大最杰出的工程之一。德国地理学家洪堡在考察了秘鲁驿道后说："印加大道是人类最伟大的工程之一，它可以与意大利、法国、西班牙各国的大道相媲美。"

印加人没有文字，但他们有独特的教育方式，把自己的文明、生活习俗、礼仪和工艺知识传授给下一代。印加人的基本工艺技术知识是在家庭和村社中自然传播的。譬如：手工艺方面，父亲把手艺传给儿子，以此保持手工艺的持续发展。印加人的社会职业分工明显，有时甚至全村人都从事一种手工艺品的生产，代代相传，历久不衰。

神秘消失的吴哥城

　　1861 年，法国生物学家亨利·墨奥特来到当时法属印支半岛的高棉，寻找珍奇蝴蝶的标本。

　　墨奥特雇请四名当地土著人充当随从，开始进入一大片阴暗深沉的丛林区，他心中挂念的只是能捕获一只稀世罕见的蝴蝶品种，让世人惊奇。他们一行沿着中南半岛的湄公河逆流而上，约走了 480 千米，然后利用小船由湄公河支流深入内地，到达高棉的金边湖。一路上的奇景异兽使墨奥特开足了眼界，太多少见的植物、昆虫在这未开化的丛林地带，展现生命的光彩。然而随行的土著人似乎很烦躁，甚至有些恐惧，在走了一大段路后，他们竟然停了下来，不愿再向前走。他们说前面那座密林里藏着许多幽灵，不但会令人迷路，还会用可怕的毒气把人杀死，就是因为丛林里有魔鬼的咒语，所以几百年来一座大城堡一直没有人住。

　　墨奥特以威胁和利诱迫使带路的土著人带领他进入茂密丛林，在准备返回的最后一天，忽然看到五座石塔呈现在他们眼前，尤以中央那座最高、最宏伟，塔尖映在夕阳里，闪闪发光。这就是闻名的吴哥城，古名禄兀。

　　吴哥城占地面积东西长 1040 米，南北长 820 米，堪称一座雄伟庄严的城市，几百座大胆设计的宝塔林立，周围更有宽200米的灌溉沟渠，好像一条"护城河"，守卫着吴哥城。建筑物上刻有许多仙女、大象及其他浮雕，尤以172个人的"首级像"显得庄严雄伟。在这座古城中有寺庙、宫殿、图书馆、浴场、纪念塔及回廊，表示当年在此兴建都市的民族必定是个文化颇为发达并有高超建筑技术的民族，因为这里是世界上最宏伟壮观的建筑之一。

但是，为什么吴哥古城会湮灭？直到现在，虽然众说纷纭，依然是未解之谜。

非洲史前的人类始祖遗迹之谜

非洲在人类进化史上的地位是无可比拟的。在非洲的四次发现冲击波似的震动了人类学领域，因为它们向那些长期被认可的关于人类起源及进化历程的理论发起了挑战。

第一次是在肯尼亚，发现了一个距今已有280多万年的人的头盖骨和骨骼；第二次是在南部非洲一个名叫边境洞穴的矿井中（位于斯威士兰和纳塔尔之间的边境上），发现了曾居住过的现代类型的人——大约生活于公元前10万年；第三次是在坦桑尼亚，发明了一些类似人的牙齿和颚骨，据称已有375万年的历史；第四次发现是在埃塞俄比亚，一具名为"露西"的骨骼已被确定有将近400万年的历史，它的发现补上了"进化史上断裂的链环"。这个人类和类人猿两者的共同祖先大约死于100万年之前。

非洲史前岩画——围猎大象

根据以往的进化学说，第一个可称之为人的灵长动物，直到100万年前才进化成"直立的人"。然而从肯尼亚的东鲁道夫·贝辛地下发掘出的那些骨骼，不仅被判定为是近300万年之前的，而且其形状之接近现代人，大大超过了人们过去的推测。

在南部非洲边境洞穴的年代久远的骨骼旁还发现了一些人工制品。这表明当时的人类已具有发达的智力，早在很久以前便迈上了文明之路。这也超出了原先的估计。边境洞穴的居住者制造出了许多很精致的工具，其中包括一些加工得很漂亮的玛瑙刀子，其锐利的刀刃可以切开薄纸。

他们也具有宗教信仰，并相信来生。一位幼儿的身体还残留着葬礼的痕迹。他们肯定使用着相当发达的语言，因为如"不朽"这类十分抽象的概念显然是不可能以咕哝声和手势来表达的。

两位年轻的史前考古学家埃德里安·博希尔和彼得·博蒙特在探索热情的鼓舞下，领导了边境洞穴几次重要的发现。1970年12月，他们从地底下挖掘出30万件人工物品，同时还有一些碳化的兽骨，其中许多生物早已灭绝了。

在地面一堆灰烬覆盖中的木炭，它的年代比那块发现了一个儿童骨骼的地层的年代要短得多，经验明已超过5万年。石工具和赭石地面下的基岩表明，这座大洞口在10万年前可能就已被占用了。

这座洞穴的环境对于长期保存遗留物十分理想。甚至连那些作为床上用品的细树枝、树叶、青草以及羽毛都保存了下来。博希尔为此作了调查，并认为"实际上，我们发现的每样东西，都比书本上说的保存期限要长3倍"。石制箭头的发现表明，早在5万年前，就已发明了箭。而它在欧洲的出现，却仅仅是公元前15000年的事。

凭着在爪哇和北京附近发现的有50万年历史的头盖骨的证据，许多科学家确信人类的始祖在亚洲，而后向西迁徙。在进化的蓝图上，非洲并没有担任角色。

尽管雷蒙德·达特教授于1924年就在非洲发现了一个更古老的人，然而直到英国人类学家路易斯和玛丽·利基在坦桑尼亚奥杜瓦伊峡谷的一次丰富发现，以及美国人类学家唐纳德·约翰孙和蒂莫西·怀特在埃塞俄比亚阿法尔地区的发现之后，这一假设才得以确立。

1959年，利基等人发现了一个近200万年前的头盖骨，它与达特发现的人属于同族，从而震惊了世界。1960年，他们发现了另一个史前人的颅骨和下颚，同时还有一些显然是用来制作武器的凿过的石头工具。他们给这个人起名为"巴比利斯人"（意即具有灵巧双手的人）。

若干年后，他们发现了更为进化的"直立的人"的碎片，这是第一个被确认会使用火的人。后来发现他和爪哇人和北京人属于相同的种类，但比后者要早50万年。

1975年，玛丽·利基报道了有关坦桑尼亚史前人类的更进一步发现，即根据放射性探查，已确定他们有375万年的历史。

1979 年，约翰逊博士和怀特发现了一些历史久远的人骨，这些人骨的脑袋很小，与猿猴的脑袋相差无几。发现者称这种亚科为南方古猿属，距今已有 360 万或 370 万年的历史。

随后于 1982 年，杰·德斯蒙德·克拉克和蒂莫西·怀特公布了还是在埃塞俄比亚的发现——一块股骨和一块前额骨的残片，它们看上去属于同样的种类。

也许还需要若干年，人类学家才能对这些发现做出估计，但奇迹般的人类发展的源头，最有可能是在非洲，而不在亚洲。

迷人的西班牙古岩画

1879 年，一位业余考古学家和他 9 岁的女儿玛丽亚·德·萨托奥拉在西班牙北部阿尔塔米拉的一个山洞深处，发现了已有万年以上历史的一

阿尔塔米拉山洞外景

些褐色、红色、黄色和黑色的史前画像。他们在深入这些纵横交错的洞穴继续探索后，发现了更多其他动物绘画，其中许多动物已经灭绝或于几世纪前就已在西欧消失。这些后来被证明是史前艺术最伟大发现之一的绘画，其中多数已被确认为公元前 15000 ～ 前 10000 年的作品。

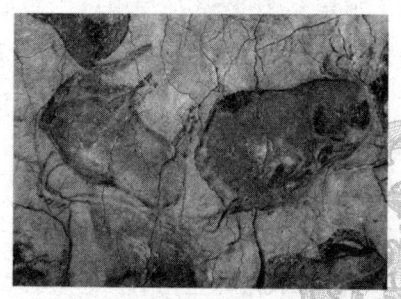

阿尔塔米拉岩画

1902 年，考古学家艾比·亨利·布罗伊尔造访了那些洞穴，并从地下挖掘出了一些兽骨，其中的一些与洞顶上的那些雕刻毫无二致。

在南部欧洲——大部分是在西班牙的东北部和法国的西南部，已发现有 100 多个装饰着石器时代的绘画和雕刻的洞穴，但由于时间和气候的蹂躏，它们已经模糊不清了。

萨托奥拉在阿尔塔米拉发现的绘画位于一片漆黑的洞穴里，洞中的温度和湿度恒定不变，通风状况恰到好处，而且空气中的湿度使得绘画色彩

不至于因干燥而剥落。几个世纪以来崩坍的石块使它们与世隔绝。在法国南部拉斯卡厄克斯有些相似的绘画，在对外开放的 15 年里遭受的损坏程度——由造访者带来的汗、体温以及一些微生物造成——超出了以往几千年的总和。

拉斯卡厄克斯这个伟大的史前艺术画廊是几个年轻人发现的。1940 年，18 岁的马塞尔·雷维达特带着 3 个朋友来到几天前他带着狗散步时用一棵倒伏的树作为记号的洞口。这些年轻人扩大了洞口后，马塞尔钻进了大约有 5.5 米深的洞穴底部。

在几根火柴的光亮下，他隐约看见一些美丽的壁画。次日，这些年轻人带着提灯，发现了画着的一批排列整齐的马、野牛、梅花鹿、骏犁和其他动物。

这些年轻人将他们的发现报告给了艾比·布罗伊尔。因此，如今的拉斯卡厄克斯洞穴画和阿尔塔米拉洞穴画一样，被作为已发现的原始艺术中一些最优秀的典范而为人所知。

拉斯卡厄克斯洞穴画包括一间著名的野牛厅，它是以漆黑色和暗红色熟练绘就的；在其他地方，有一群奔马和长着鹿角的梅花鹿脑袋。所有这些都画得活灵活现。

就像阿尔塔米拉的绘画一样，这些壁画显然不是原始野蛮的产物，而是心灵敏感的画家的作品——远比一般概念中的石器时代的人要时尚得多。其完成时间为 15000 年之前或更早些，也许要回溯至公元前 28000 年。它们包括了不同的风格，从质朴的雕刻到色彩鲜明的绘画。有许多作品非常真实。

已知这些艺术品是公元前 32000～前 10000 年生活于欧洲旧石器时代的人创作的，他们被称为克罗马农人。他们以采集植物和狩猎为生，但也从事发明和创造。有关考古学的研究表明，他们具有一种延续的独特文化。他们最后的一支生活于马格德林期，即大约在公元前 15000～前 10000 年。

这些绘画先用一块尖利的燧石碎片刻出轮廓，而后着色。画家们没有绿色和蓝色，但可能从锰氧化物、木炭或煤烟中获得黑色和紫黑色；用石头或骨制杵臼将地面上的铁矿石捣成粉末，从中提取褐色、红色、黄色和橙色等颜料，尔后用动物的血或脂肪，以及植物的汁加以调制。绘画的方式有许多：用手指，以兽毛或羽毛做的刷子，或者是嚼碎的细枝末端。画家们也用苔藓，或者通过空心的芦秆吹着绘画。

在阿尔塔米拉，人们发现了最好的马格德林期的艺术，找到了以动物脂肪绘成的赭色蜡笔画。这些绘画是极其小心地在幽暗之处画成的，日光几乎透不进去，只能用人工照明。而在那里也发现了若干盏石制的灯。洞顶上的绘画表明，当时使用了脚手架的形式。

不少考古学家认为，这些洞穴绘画也许曾是宗教仪式的一部分，用符咒震慑野兽以便捕捉；早期人们也许还相信通过绘画这一媒介，在狩猎时，勇猛和力量会传递给他们。

不过，这些绘画也可能是用来教授年轻的狩猎者们如何捕杀的：许多画表现了长矛刺入一只动物最脆弱部位的情景。

这些壮观的图画最迟的大约在公元前10000年绘成。当最后的冰原大片消失时，气温转暖了，因而马格德林期的人离开了他们的洞穴，在空旷之处生活。在随后的4000年中，他们的后代逐渐适应了大大变化了的环境。渐渐地，他们学会了种植，然而糟糕的是，他们失去了美术上的技能。

令人难解的神秘现象

神秘莫测的巨石阵

在英国古老而广漠的平原上，矗立着许多奇特的巨石建筑，它们默默地在风雨中经过了几千年，注视着人间的沧桑。这就是令人百思不解的古代巨石阵遗址。这些雄伟壮丽的神秘巨石阵吸引了来自世界各地的旅游观光者和众多为之困惑的考古学家、历史学家、建筑学家和天文学家。

英国巨石阵

著名的巨石阵遗址位于英格兰南部沙利斯伯里。石阵的主体是由一根根巨大的石柱排列成几个完整的同心圆。石阵的外围是直径约 90 米的环形土岗和沟。沟是在天然的石灰土壤里挖出来的，挖出的土方正好作为土岗的材料。紧靠土岗的内侧由 56 个等距离的坑构成又一个圆，坑用灰土填满，里面还夹杂着人类的骨灰。这些坑是由 17 世纪巨石阵的考察者约翰·奥布里发现的，因此现在通常称之为"奥布里坑群"。坑群内圈竖着两排蓝砂岩石柱，现已残缺不全，有的只留下原来的痕迹。巨石阵最壮观的部分是石阵中心的砂岩圈。它是由 30 根石柱上两两架着横梁，彼此之间用榫头、榫根相连，形成一个封闭的圆圈。这些石柱高 4 米、宽 2 米、厚 1 米，重达 25 吨。砂岩圈的内部是 5 组砂岩三石塔，排列成马蹄形，也称为拱门。两根巨大的石柱，一根重达 50 吨，另一根约 10 吨，重的横梁嵌合在石柱顶上。这个巨石排列成的马蹄形位于整个巨石阵的中心线上，马蹄形的开口正对着仲夏日出的方向。巨石圈的东北侧有一条通道，在通道的中轴线上竖立着一块完整的砂岩巨石，高 4.9 米，重约 35 吨，被称为踵石。每年冬至和夏至从巨石阵的中心远望踵石，日出隐没在踵石的背后，增添了巨石阵的神秘色彩。

根据科学家实地考证，巨石阵最早是建于新石器时代后期，约公元前 2800 年，那时已建成了巨石阵的雏形——圆沟、土岗、巨大的踵石和"奥布里坑群"。公元前约 2000 年开始是巨石阵建筑的第二阶段，整个巨石阵基本形成。这个阶段的主要建筑是蓝砂岩石柱群和长长的通道。巨石阵的第三期建筑最为重要，约在公元前 1500 年，这时建成了沙石圆和拱门，巨石阵已全部完工，这就是我们现在看到雄伟壮丽的巨石阵遗址的全貌。需要指出的是，整个巨石阵的工程需要 150 万个工人，而整个建筑过程中，始终没有用轮载工具和牲畜的痕迹。

现在看来，巨石阵的建筑规模和工程难度对于早期人类来说，简直是不可思议的。它的建成比埃及最古老的金字塔还要早 700 年，然而究竟是谁建造了这雄伟的巨石阵，现在仍然众说纷纭。有人认为是当地早期居民凯尔特人建造的墓穴，也有人认为是古罗马人为天神西拉建造的圣殿，还

有人认为是丹麦人建造用来举行典礼的地方，然而这些虚无缥缈的想象都没有确凿的证据。

无数学者经年累月地找寻着巨石阵的建造者。学者们慨叹巨石阵与埃及金字塔一样的神秘莫测，有人提出巨石阵的建筑石料均是 160 多千米外的地方运输而来，开采、运输、安放如此巨大的石块，除了具备高超的技术巨匠谁也不能，于是他们认为巨石阵与金字塔出于同一位巨匠之手。

学者们除了苦恼于无法断定巨石阵的承建者是谁外，对巨石阵的用途也各说不一。

有学者认为巨石阵是远古时代的天文观测仪器。持这种观点的当然是一些天文学者。的确，巨石阵的神秘色彩与天文学有异乎寻常的联系。早在 200 年前，就有人注意到巨石阵的主轴线指向夏至时日出的方位，而冬至的落日又在东西拱门的连线上。1965 年，波士顿大学的天文学家霍金斯通过计算机测定，巨石阵的排列可能与太阳和月亮在天空运行的位置有关，而 56 个奥布里坑群则能准确地预报日食、月食。他在和《巨石阵解谜》一书中说道："实际上，奥布里坑群组成的圆环可能曾被用来推测许多天体的运行情况。"他还推断祭司们是通过转动坑群标记来跟踪日月

运行进行推算。这种天文学观点曾轰动一时，得到不少人的支持，但是巨石阵究竟是否真的是天文观测仪还有争议。巨石文化专家阿特金森指出：当时蒙昧落后，没有任何先进计算工具的史前人类是不可能建造如此精密的天文仪。英国天文学家霍伊耳也提出异议：作为天文观测仪的材料为何一定要用难以开采的大砂岩而不是轻便的木材和泥土？这样不是要耗用大量的劳力吗？而且奥布里坑群中的人类遗骨也很难与天文学联系起来。再者说，如果是高度发达的史前文明的结晶，为什么又消失了呢？这样人们又回到宗教这个传统观点上去，甚至有人把巨石阵与外星人联系起来。

也有学者认为巨石阵是原始人狩猎的特殊装置。由于巨石阵的全部建筑时间都属于新石器时代，一些专家认为，巨石阵是猎取大型野兽的机关。他们认为由于当时的工具和武器都很原始，为了猎取较大的野兽，如猛犸、熊、河马、犀牛等，又不使自己受到伤害，人们就想出了这种办法。专家们认为，今天人们只看到巨石阵的残迹，当初它一定还有一些由木头、骨头和兽皮等制作的构件，由于年代久远早已不复存在。另外，残迹旁还有许多多余的石头，看来也有一定用处。由此他们的结论是，巨石

阵很可能是一种狩猎、生活多种用途的设施。复原后的结构可能是这样的：

巨石柱围着的是一个院子，在两根石柱之间留有洞口，其大小可以通过较大的野兽，在每个洞口的上方，有一块用木棍支撑的数十千克重的大石头——"警戒石"。当猛兽从外面碰倒支撑木棍时，石头立即砸下来，打在野兽身上，同时发出警戒信号。

院子内侧，紧对洞口的地方还安放了第二道防线，即一块巨大的"打击石"。当野兽闯过第一道防线时，站立棚顶的人，便牵动操纵绳，使打击石劈头盖脸地砸下来。

院内的中央还建了一座二层小楼，是由圆木和一些巨石柱围建而成的，楼板铺在巨石柱的上面。为了便于监视大院及其周围，从楼板到第一圈石柱有木桥相连。

当然，这种狩猎设施并非守株待兔地等待野兽来临，一般是在其中放置一些引诱物，如利用野兽幼仔的叫声做诱饵。为此，可以把捉来的幼兽拴在小院内两块巨石之间，让它头向着石缝，并不断地叫唤。兽群在听到幼仔的叫唤声后，会立即包围院子，并不顾一切拼命冲入院内。如果野兽未被砸死，楼上的猎人则投掷石块，将被困的野兽置于死地。

击中野兽后，院内的人一方面把猎物拖进小楼的二层进行加工——剥皮、取出内脏、把肉分成小块。兽皮和肉等有用的东西放在楼上晾干、贮藏起来，而其他无用之物则扔到楼下作为诱饵，以引诱野兽进入圈套。每次狩猎后，他们又将迅速地把警戒石、打击石等恢复原状，以迎接下一次狩猎。

更多的学者却说巨石阵纯粹就是古人举行祭礼的宗教场所。最早记载有巨石阵的《中世纪编年史》一书中，描绘是亚瑟王的谋臣梅林用魔法把巨石阵从爱尔兰移到英格兰做墓地。学者们把巨石阵的石桌视为石棺，把高大直立的石条视为重大事件和人物的纪念碑。同时在空中俯瞰巨石阵时，能清晰地看出巨石阵是极有秩序地排列成了蜥蜴、鹰等动物的图案，谁又敢否认这些动物不是当时古人们心中的图腾？

更有学者干脆把巨石阵视为一种文化，一种古人对巨石的崇仰与尊重。古人崇尚巨石般的坚毅威猛，向往巨石般的牢固与结实，巨石阵是古人对心中理想的完美垒砌。

众说纷纭，始终没有一种权威的推断。几百年来，人们陷入了对巨石阵不断探索的苦苦追求之中。

奥尔梅克之谜

墨西哥古代史上有个玛雅之谜，但在玛雅之前还有一个奥尔梅克之谜。

约公元前 1200～前 80 年间，在中美洲的墨西哥海湾的炎热海岸上，有一处地方地势低洼、潮湿。这地方离同在墨西哥的塔巴斯科和韦腊克鲁斯不远。一个神秘的民族在这儿生活了好几个世纪，并且创造了灿烂辉煌的文化。这就是奥尔梅克人。

但是，关于奥尔梅克人的历史一直被认为是神话。在哥伦布来到新大陆之前，居住在墨西哥高原上的一些民族一谈起奥尔梅克人，就说"这是些生活在太阳升起的地方的人"。阿兹特克人的古诗里，把奥尔梅克人居住的地方称之为"雨之地"。

当玛雅人的宏伟神庙、高耸的金字塔出现在中美洲的土地上时，奥尔梅克人却消失不见了。他们所建造的金字塔、祭坛密集的城市、诡异的石碑、用黄金和玉石雕刻的饰物也被热带雨林无情吞没。

岁月埋葬了奥尔梅克人的一切。人类对于这些神秘人们的生活已经一无所知了。当历史学家和考古学家在中美洲玛雅人的蔚为壮观的废墟之上考察时，他们始终认为，玛雅废墟代表了中美洲最早的文化。

1862年夏天，在委腊克鲁斯省的圣安德雷斯——图斯特拉村不远，一个农民在土壤中发现了一件巨型雕刻品的上半部——一个巨型石头像。这一发现当时没有引起人们太大的注意，因为在墨西哥湾沿岸的土地上令人神往的遗址太多了。

然而，当地人陆续发现巨型头像的消息不断传来，终于使考古学家和历史学家注意到这块沉睡了数千年的土地。1925年，来自欧洲的法国考古学家弗朗茨·布洛姆和奥利维尔·拉法尔杰登上了塔巴斯科河流和沼泽环绕的拉范达岛上。他们在这里发现了第二个巨型头像。1938年，史密森博物馆的马休兹·斯塔林根据当地人的报告，在委腊克鲁斯的特雷斯联波特克村附近发现了另一个巨石头像，它高约2米，重约10吨。1939年，他再次来到了拉范达岛上，除了发现4个巨型头像外，还发现了一座刻有神秘莫测的图案和碑文的重达50吨的石碑，还有祭坛和一座高约33米的土金字塔。考古学家们还在地下发现3条用绿石镶铺成图案的通道。这里有排水渠道，但却没有人居住过的痕迹。考古学家们断定，这是奥尔梅克人举行某种神秘仪式的地方，至少在奥尔梅克人存在的400年中，他们总是定期在这里埋葬用玉和石制造的祭品，向他们视为丛林恶神的图腾动物——美洲虎膜拜。从拉范达岛上这个祭祀中心的位置、方向和布局来看，奥尔梅克人已经有了数学和天文学的知识。

奥尔梅克巨型人头石雕

到目前为止，在塔巴斯科和委腊克鲁斯地区一共发现了3个奥尔梅克人的祭祀中心：拉范达、圣洛伦索和特雷斯萨波特克。在这些地区一共有15个奥尔梅克人的巨型头像。它们都是用重10吨、25吨，甚至40吨的独块玄武岩巨石雕凿成的，高度为1.5～2.9米。这些头像有一个共同的特征：亚非人种的嘴唇，扁平的鼻子，张着嘴唇，两眼呆板，充满诡秘气氛。这些头像都是年轻人的形象。他们戴有头盔，覆在前额的带子和耳罩异常醒目。头像雕刻工艺十分精美，虽然历经数千年的风雨，仍然保持着诱人的艺术魅力。人们把这种巨石头像叫做奥尔梅克人头像。

此外，奥尔梅克人还留下了一些其他形式的人像雕刻品，或是用绿玉雕成的手执奥尔梅克人尊敬和害怕的侏儒的立像，或是腰围金属带，带上刻有至今无法译读的符号的坐像。它们和那些巨型头像一样，面形三分像人，七分像美洲虎。

自从发现了这些巨头像和奥尔梅克人的其他遗物后，考古学家、历史学家激动万分，因为他们找到了一个有着惊人文明、更古老的民族。可是学者经过频繁的调查后发现，除了承认奥尔梅克人的文化对后来的一些中美洲文化产生过巨大影响外，对奥尔梅克人的生活、发展历史所知甚少，且近乎空白。

太平洋与大西洲之谜

20 世纪以来，科学家们在探索大自然奥秘的过程中得出一个惊人的推论：大约在距今 12000 年前，太平洋中曾经存在过一个高度文明的古大陆，这个古大陆的名字就叫大西洲。

据说大西洲的面积占据了南太平洋的大半部，南起塔希提岛，北接夏威夷群岛，东至复活节岛，西至马里亚纳群岛，东西长约 8000 千米，南北宽约 5000 千米，面积相当于南北美洲面积的总和。现在的波利尼西亚群岛、密克罗尼西亚群岛、美拉尼西亚群岛上的居民，据说就是大西洲遗民的后裔。

最早提出太平洋中曾有过古大陆的是英国人种学家麦克米兰·布朗。20 世纪初叶，他在《太平洋之谜》一书中首次提出远古时期太平洋曾经有过一个高度文明发达的大陆。此后，有关这方面的著作屡见不鲜，以英国学者詹姆斯·乔治瓦特的研究成果最具影响力。他通过大胆的假设、广泛的调查、独到的推理乃至充满自信的笔勾勒出远古时期太平洋中大西洲的概貌。1931 年，他的名著《消逝的大陆》在纽约出版，成为轰动一时的畅销书。此后，他陆续推出了《大西洲的子孙》、《大西洲神圣的刻画符号》、《大西洲的宇宙力》等一系列专著，奠定了太平洋中古大陆学说的基石。

关于消逝的大西洲，乔治瓦特是这样描述的：

在远古时期，太平洋中曾经存在过一个古大陆，它是人类文明的摇篮，鼎盛时期的人口约 64 万，生活在这个大陆上的居民有黄、白、黑各

画家笔下的大西洲

种肤色的人种，他们无贵贱之分，和睦相处。古大陆的国君名叫拉·姆，他既是古大陆的最高统治者，又是最神圣的宗教领袖。大西洲居民信奉单一的宗教。

大西洲的居民拥有高度的文化，在建筑和航海方面尤其出类拔萃，他们在世界各地都拥有殖民地。

大西洲上共有七大城市，其中希拉尼普拉是首都。境内道路纵横交错，四通八达，港口中船舶云集，商旅不绝。

大西洲没有险峻的高山，只有一望无际的绿色平原和低缓的丘陵，土壤肥沃，连年丰收，终年植物繁茂，四季花果飘香。莲花是古大陆的国花，在水滨尽情地绽放；树荫下彩蝶乱舞，蜂雀呢喃，蝉鸣幽幽；原始森林中野象成群漫游，双耳不时扇动，拍打着骚扰的飞虫；到处是一派宁静祥和的气氛。

突然有一天，大西洲发生了可怕的事情：刹那间，天崩地裂，山呼海啸，火山喷发，岩浆流溢，古大陆的居民与辽阔的国土在一夜之间沉入汪洋大海之中，仅有几处高地露出洋面，侥幸生存下来的居民被隔离在一座座小岛上，古大陆的辉煌瞬间灰飞烟灭，再也没有人记得曾经有过这样一个古大陆，更没有人知道这里曾是人类文明的发源地……

乔治瓦特将远古时期太平洋中大西洲的情形活灵活现地呈现在世人面前。

1863 年，法国学者德·布尔布尔在马德里皇家历史学会图书馆里，发现了西班牙征服中美洲时代的神父狄埃戈·德·兰达撰写的《尤卡坦事物考证》（又称《尤卡坦纪事》）手稿。他根据手稿中记录的玛雅象形文字草图，阅读了现收藏在西班牙的玛雅文献《特洛阿诺抄本》，发现其中有两处记录了一个名叫"姆"的大陆因火山灾害而消失。他认为大西洲位于大西洋中，大西洲一名由此而来。

中美洲尤卡坦半岛玛雅遗址的最早发掘者——法国学者奥格斯特·普伦金（1826～1908）在其所写的《大西洲女王和埃及斯芬克司》一书中，依据《特洛阿诺抄本》和玛雅遗址奇钦伊扎中的壁画等材料，作出了颇富罗曼蒂克的设想。他认为，古代近亲结婚较为普遍，当时大西洲由女王姆当政，为了获得女王的爱，她的亲兄弟科（美洲狮）与阿克（龟）展开了生死搏斗，最后阿克杀害了科，霸占了女王姆，并从她手中攫取了对大西洲的统治权。女王姆感到耻辱，于是逃奔埃及，为了悼念死去的兄弟科，她兴建了斯芬克司像，自己改名伊西丝（埃及女神），创建了灿烂的埃及文明。

普伦金也认为大西洲消失在大西洋中，与德·布尔布尔的观点不谋而合，但与乔治瓦特的观点大相径庭。然而他们都一致认为，中美洲的玛雅人是大西洲的移民。

乔治瓦特的研究成果还表明，大西洲的居民和古代印第安人一样，崇拜太阳神，不仅懂得使用火，而且还创造了人类最早的文字——一种原始的刻画符号。他们用长方形表示国土，用盛开的莲花表示大西洲……这种刻画符号在世界上许多古老的石建筑上都可以见到，其中有些刻画符号实际上就是纪念大西洲消逝的碑铭，只不过无人能够释读而已。此外，大西洲的居民还会烧陶、编织、绘画、雕刻、造船以及航海，渔业也很发达。

至于大西洲消逝后遗留下来的城市遗迹，乔治瓦特认为在太平洋诸岛上比比皆是。当时属于大西洲一部分的复活节岛幸免于这场灾难，没有沉入海底，现在岛上的众多巨人石像和刻有文字的石板很可能就是大西洲的遗物。波纳佩岛附近的南马特尔小岛上的建筑遗址以王陵所在的"神庙岛"为中心，共有 90 余座人工岛，每座岛上均有高约 10 米的玄武岩石城墙，岛上还设有防波堤、牢狱等，据说也是大西洲的遗迹。塔西堤岛上有一种类似中美洲金字塔的建筑物，也是大西洲的遗物……诸如此类，不一而足。这些互不相关的遗迹、遗址和遗物果真是消逝的大西洲居民创造的吗？从最新考古研究成果来看，太平洋诸岛上的居民居住历史至多不超过 3000 年。如何解释 12000 年前消逝的大西洲与太平洋诸岛之间的时间差异呢？

值得一提的是，乔治瓦特依据的最重要文献材料之一——《拉萨记录》是在中国西藏拉萨某寺院中发现的，它是记载 4000 年前占星术的文献；他依据的其他几件原始文献——玛雅古文献《特洛阿诺抄本》、《德累斯顿抄本》、《波斯抄本》、《科特西亚抄本》等也是记载占星术的文献。这些文献中都记载了大西洲消亡的情况。

《拉萨记录》中提到大西洲的沉没是发生在编写该书之前8062年的事件。《拉萨记录》是距今4000年前的作品，据此可以推知，大西洲的沉没是在距今12000年前，恰与亚特兰蒂斯大陆（大西洲）沉没的时间相当。乔治瓦特认为这两个古大陆是由于共同的原因沉入汪洋大海之中的。

乔治瓦特还根据多年的研究成果描绘了大西洲居民的移民路线。他认为，人类文明发源于大西洲，继而传播到美洲大陆，然后又从美洲大陆传播到大西洋的大西洲，最后才从那里传播到埃及、欧洲和非洲。因此，大西洲是人类文明的摇篮。

近年来，日本学者也兴致勃勃地加入研究大西洲的行列。

根据现代地质学常识，大洋的地壳是由较重的玄武岩构成，大陆的地壳由较轻的花岗岩构成，海底地壳与陆地地壳存在着本质的差异。

1968年，日本东海大学海洋研究所的"白凤丸"号科学考察船在西北太平洋深海海底打捞出一块花岗岩石头，当时它被认为可能是来自阿留申群岛的洋流携带而来的。无独有偶，1973年10月23日，日本东海大学海洋考察船"望星丸"号在九州岛附近的海域打捞出一个含有花岗岩的大锰块，显然再用洋流来解释锰块的来源未免牵强附会。科学家们将这两起发现联系起来推测，它们会不会是沉入海底的大西洲残留物呢？日本科学家们正通过对太平洋底全面、广泛的科学考察，力图发掘出新的材料，以期对大西洲的存在与否作出一个可信的解答。最后需要提出的是，在地质学上，一般认为地球上最后一次造山运动——阿尔卑斯造山运动发生在距今6000万年前，而乔治瓦特却认为地球上山脉的形成是在距今12000年前，两者之间的差异如此之大，该如何解释呢？地球表面几度浮沉、桑田沧海固然是事实，但是浩瀚的太平洋中，果真存在过这样一个高度文明的大西洲吗？也许这仅仅是对世界充满好奇心的人类一个天真善良的愿望而已。

沉没在印度洋中的古大陆展现在我们面前的是一幅与众不同的世界地图。在这幅地图上，澳大利亚北移，与日本列岛、东南亚相连在一起；非洲大陆的一部分分离出来；印度洋中岛屿密布；南加尼福利亚脱离美洲大陆，成为孤岛；地中海中"长筒靴"状的意大利半岛消逝得无影无踪……

这是美国宇航局于1976年发射的"激光地球力学卫星"运载的文字材料对840万年以后的地球状况作出的"答案"。无独有偶，当人类对古老的往昔进行考察时，竟意外地"发现"地球上曾经存在过雷姆里亚大陆。在谷歌地图中，甚至显示出在洋底有规则的几何图形，表明可能确实存在过一个沉没的古代大陆。

关于雷姆里亚大陆的大胆假设由来已久，而且近乎神奇。早在19世纪后半叶，地质学家们就开始探讨非洲南部与印度半岛之间是否存在过"地桥"——雷姆里亚大陆的问题。特殊哺乳类动物生息的马达加斯加岛、巨大陆龟生活的阿尔达布拉群岛、塞舌尔群岛、马尔代夫群岛、拉克代夫群岛等等，从非洲南部一直延续到印度半岛南端之间。据此，地质学家们推测，这些岛屿莫非是古大陆的残余？

奥地利史前地理学家梅尔希奥尔·纽马伊亚，在其1887年出版的著作《古代大陆》中，描绘了侏罗纪（爬虫类时代中叶）的世界地图，在这张地图上，"巴西·埃塞俄比亚大陆"的角落延伸到"印度·马达加斯加半岛"。这表明印度与马达加斯加曾是一个相互联结的整体。

奥地利地质学家爱德华·杜斯认为，古生代（鱼和无脊椎动物的时代）南半球存在过一个广袤的"贡达瓦纳大陆"，而北半球则存在过"北阿特兰提斯大陆"和"安格拉大陆"，他的论点发表在1880年出版的《地球表面》一书中。

德国生物学家恩勒斯特·海因里希·赫凯尔发现，一种栗鼠与猿杂交的动物"雷姆尔"，原来生活在马达加斯加，但在远隔大洋的非洲、印度、马来半岛也能见到。据此，他断定，马达加斯加与印度之间的"地桥"直到新生代（哺乳类动物的时代）依然存在，而且，他还认为沉没的大陆很可能就是人类文明的发祥地之一。

英国动物学家菲力浦·斯科雷特在赫凯尔研究成果的基础上，提议将这个消逝的"地桥"命名为"雷姆里亚"。

德国地球物理学家、气象学家阿尔弗雷德·威格纳（1880~1930）于1912年提出了著名的"大陆漂移说"。他认为大陆和海洋分别由质地不同的花岗岩和玄武岩构成，因此在很长一段地质年代里，大陆一直在海洋上漂移，不断发生分离、结合，从而形成今天地球表面陆地与海洋的分布状况。

威格纳认为，在古生代，大陆是一个整体，名叫"潘加阿大陆"；中生代（恐龙时代）发生漂移；新生代第四纪冰川来临时。发生分裂。假如威格纳的论点成立的话，那么分离的陆地之间分布着不同的生物也就不难理解了，"地桥"——雷姆里亚大陆根本就不可能存在了。

然而，文献资料和神话故事对消逝大陆的描绘，却令人深信不疑。

公元前1世纪的希腊历史学家提奥多罗斯，记载了一个名叫伊安比罗斯的商人，漂泊到南方大洋中一块陆地上的奇特而又曲折的经历。

这个商人途经阿拉伯，前往"香料之国"。不料，途中被海盗抓去，带到埃塞俄比亚，他与另外一个囚徒偷偷地准备了6个月的干粮，驾着轻舟逃离虎口，向南行进，在海上漂流4个月后，被海风吹到一座岛上。

这座岛周长约900千米，气候四季如秋。居民的体形奇特，但并不丑陋，他们性格敦厚，知识丰富，精通占星术，使用独特的拼音字母，在圆柱上写有文字，人均寿命达150岁，无贫富差别，男女平等。岛上生长着一种苇草，果实可以吃，还有温泉、冷泉，赋予人类健康和长寿，岛的周围海中有7座小岛，亦有居民居住。

这个商人在岛上生活了7年，最后辗转印度、波斯（今伊朗）返回希腊。

这则故事自然会使人联想到柏拉图笔下的"乐园"——亚特兰蒂斯，同时，也使人联想到英国作家丹尼尔·笛福在《鲁滨孙漂流记》中描写的鲁滨逊的奇特经历，可以食用的苇实可能指的就是稻米。

提奥多罗斯还记载了东方理想国——潘海伊亚。这是一个与阿拉伯进行香料和药品交易的国度，有7座城市，最大的是帕拉那。城中有一座富丽堂皇的大神庙，景致优美，树木、草地、花园、水流融为一体，相映成趣，可爱的小岛啁啾鸣叫，大象、狮子、豹等动物一应俱全。居民尚武，普遍使用两轮马拉的战车。

居民分为3个阶层，即祭司与手工业者、农夫、士兵与牧民。祭司权势炎人，生活奢华。每年岛民选出三人共同治理国家，实行"三头政治"。居民个人拥有的财产通常是房屋和庭院。一般居民普遍穿羊毛衣服，男女均佩戴黄金饰品，贵重金属矿产丰富，但不准携带出境。

阿拉伯地理学家们认为岛的周长将近5000千米。据4000年前的埃及王国时期纸草文献记载，漂泊到岛上的船员们，在世外桃源般的岛上开始生活后，这座岛屿的统治者——大蛇便出来劝告道："这座岛屿不久即将沉没。"

希腊人从远古时代起，一直称呼传说中消逝的大陆居民为"普利塞利里特人"，据说这个大陆气候宜人，土地肥沃，人丁兴旺，后来因为触犯神灵而沉入大洋底部。

斯特拉波、普利里乌斯等古希腊罗马学者均写过东方大洋中的大岛"塔普罗巴赖"的事情。

古代泰米尔族历史学家们对自己祖先的发祥地进行考察后，坚信在遥远的古代，祖先们生活在位于赤道附近一块名叫"纳瓦拉姆"大岛的南部，大陆的首都"南马德拉"后来沉入印度洋海底。

泰米尔族使用的语言是泰米尔语，迄今在印度次大陆南端马德拉斯邦、斯里兰卡等地仍在使用。这种语言是南亚德拉维亚语系中远古时期最为发达的一种书面语。这一系列的文献记载和神话传说都说明，印度洋中曾经存在过一个鲜为人知的"雷姆里亚大陆"。

前苏联语言学博士、地理学会员亚历山大·孔德拉特夫在其著作《三个大陆的秘密》中，从语言学角度探讨了南亚德拉维达语系与雷姆里亚大陆的关系。通过将印度文明中代表性的遗址摩亨佐·达罗、哈拉帕出土的印章和护符中的象形文字输入电脑，与其他地区的语言进行比较后发现，它们吸收了苏美尔人的语言，与德拉维达语最为接近。因此他认为印度文明与苏美尔文明起源于同一个文明，而这个更为古老的文明已伴随着雷姆里亚大陆的消逝而烟消云散。

尽管雷姆里亚这一名称在19世纪即已出现，但是对印度洋的正式调查则始于20世纪60年代。

1968年，美国斯库里普斯海洋研究所对印度洋中央海岭进行了科学调查，发现大西洋底有四条南北走向的大海岭，其中两条大海岭今天仍在不断增大。活跃的海岭与不活跃的海岭为何能同在一个大洋底部呢？人类至今仍无法解开其中的奥秘。

马达加斯加岛、塞舌尔群岛以及澳大利亚西部的布罗肯海岭，作为古大陆的一部分，是怎样从周围的大陆中分离开来的呢？这还是一个令人难以解释的悬案。

科学调查结果表明，进行钻孔地质调查，发现这印度洋底部地形最为复杂的西北部马斯卡林海域一带海底下沉了1000多米。这是在数千万年的地质年代里发生的。

根据板块结构理论，喜马拉雅山与印度洋是由于共同的成因形成的，即由于印度板块向正北方向移动约5000千米，与亚洲板块相撞，形成巨大的喜马拉雅山。那么，在这个具有划时代意义的变革中，雷姆里亚大陆沉浮如何呢？据考察，这个变动发生的年代至少可以追溯到4500万年前。

最新调查结果表明，印度洋海底地壳活动频繁，有些部分持续下沉，有些部分在不断增长。这些缓慢不断的变化是否可以作为雷姆里亚大陆曾经存在的一个有力证据呢？

扑朔迷离的示巴古国

世界上有史以来再版和印数最多的书，恐怕要属基督教神学经典《圣经》了。它既是文辞优美晓畅的文学佳作，也是读来饶有兴味的历史故事集。尤其是成书于公元1世纪的《旧约全书》，还含有较高的历史文献价值。但是，它也给人们留下了颇为难解的历史谜团，其中之一就是关于示巴女王和示巴古国是否确实存在的问题。

《旧约全书·列王记》第10章和《历代志》第9章中有这样一段记载：公元前10世纪中叶，当以色列王国在国王所罗门治理下国泰民安、兴盛至极的时候，异国君主示巴女王因仰慕所罗门的智慧和声名，在庞大的扈从队陪同下带着香料、宝石和黄金，浩浩荡荡地抵达耶路撒冷，拜见以色列国王。她向所罗门表示敬意，献上厚礼，并提出一些难题让对方回答。

所罗门机智地作了解答，更使女王敬佩不已。所罗门对女王也热情相待，并在她回国前回赠了礼物。这段简短的记述非常精彩，示巴女王的出现引人注目。但是，这位女王来自何方？出身于哪个民族？《圣经》里再无其他描述。甚至她的名字叫什么也无从得知。唯一可以推断的是，从女王携带的礼物来看，她统治的示巴王国是一个很富有的国度。《旧约全书·以西结书》第27章也明确提到，示巴王国是以从事香料、宝石和黄金贸易出名的。

示巴女王在《圣经》中偶然闪烁的神秘色彩，引起了历代史学家、文学家、行吟诗人和民间艺人的极大兴趣，由此而生的种种臆想、传说更显得浪漫离奇甚至荒诞不经。

在中世纪流传很广的一个传说里，示巴女王被说成是预晓耶稣将受难于十字架的女先知。据传她在去耶路撒冷拜见所罗门的途中，曾遇到一座小桥。她的幻觉中突然闪现出救世主将被人用这座木桥上的板木钉死的可怕图景。于是她绕道而行，并虔诚地向这座桥祈祷祝福。所罗门得知这个不祥之兆后，立即命人把桥板取下深埋地底，以为就此万事大吉了。却不料后来仍被人挖了出来，成了恶人加害耶稣时所用十字架的板材。

所罗门王会见示巴女王

除了这种神乎其神的传闻外，示巴女王在中世纪和文艺复兴时期的宗教艺术中，时而作为美丽的女王形象，时而又作为丑陋的女巫形象交替出现。在西欧许多国家现今所存的哥特式教堂里，人们仍可以看到表现内容迥然不同的女王形象。在法国的哥特式雕刻中，示巴女王还被不可理解的塑成一位跛足者。这究竟是当时人有史实依据的人物特征描写，还是凭人随意想象的艺术处理，就无从得知了。

在非基督教信仰的世界里，示巴女王的形象是基本上被丑化了的。犹太教的传奇故事，把示巴女王描绘成有着毛茸茸双脚的恶魔形象，并把她比喻为古代亚述和巴比伦神话中诱人堕落的淫妇。而在伊斯兰教的传说中，示巴女王受到了更大的贬斥，她被称为"比尔基斯"，意为妖怪，说她所行之事对人类来说大都意味着灾难。

在近代文学作品中，也不乏对示巴女王的想象与描写，又同样是褒贬不一。19世纪法国小说家福楼拜的笔下，示巴女王是诱惑隐士的邪欲的化身。而在20世纪著名诗人叶兹的诗中，女王的才智和品德又成了被赞美的主题。

不过，在许多国家较为流行的民间传说中，示巴女王还是更多地被描绘成天生丽质、聪颖不凡的动人女性，并传说所罗门在耶路撒冷见到她的时候，就为其美丽的外貌和端庄的仪表所倾倒，两位互相爱慕的君主还结成了金玉良缘。埃塞俄比亚的传说中说，虽然所罗门对示巴女王一见钟情，却无奈女王对他无意。后来，所罗门设计引诱，才逼迫女王成婚的。他们在婚后生下一子名叫曼尼里克，以后随示巴女王而去。曼尼里克长大后到耶路撒冷拜谒父亲，并被封为埃塞俄比亚的第一代皇帝。有趣的是，直到这个非洲古国的末代君主，著名的海尔·塞拉西老皇帝在位时，他还以自己是示巴女王和所罗门的嫡传后裔自居呢。

有关示巴女王的这种种传说尽管充满了传奇色彩，但显而易见的是它们都缺乏考古或文字所提供的可靠依据。示巴女王是否确有其人，至今还是一个谜。

但示巴古国是否存在的问题，经过学者们长期的考察和新的考古发现证明，它已不再是虚无缥缈的传说，而是确有实据的事实了。

人们已初步断定《圣经》中提到的示巴王国位于濒临红海的阿拉伯半岛西面，在现今阿拉伯也门共和国境内。它是公元前10世纪兴盛一时的文明古国之一，在古代东方的发展史上曾起过积极影响。示巴古国由于紧靠当时的通商要道红海，同与红海相接的以色列、埃及、埃塞俄比亚、苏丹等结成了密切的贸易关系，商业一度十分发达。示巴古国盛产香料、宝石和黄金，这使它在产品交换中处于十分优越和有利的地位。据说，示巴商人当时已经会利用红海的季风之便远洋航行了。他们在每年2~8月海风吹向印度洋和远东时，便加大对这个地区的贸易运输量。等8月以后海风回吹时，他们又溯红海而上与以色列和埃及交往。这个季风的秘密长期未被泄露。直至公元1世纪时才被希腊人发现。示巴的陆路贸易也很发达，骆驼商队活跃在阿拉伯半岛和西亚的广阔地带上。

示巴王国有没有自己的首都呢？也是有的，据考证，就是现今阿拉伯也门共和国的东部城市马里卜，现在

这个城市还是沿用着古代名称。公元前1世纪，希腊史学家奥多勒斯曾形容马里卜是一个用宝石、象牙和黄金做艺术品装点起来的城市。这种描写也许有些过分，但马里卜故去的华美、繁荣从中也可窥见一斑了。

过去传说马里卜建有一个规模巨大的蓄水坝。水坝都用大石块铺砌，石块之间密接无缝，显示了示巴人民高超的建筑和工艺水平。这座水坝对马里卜和周围广大地区人民的生活和生产，起到了防范洪水冲击和提供灌溉系统的良好作用。这座水坝维持供水达12个世纪之久，公元543年，因年久失修而塌陷。现在马里卜发现的水坝遗址，使古老的历史传说也有了生命力。人们还在马里卜郊外沙丘上发现了一处设计奇巧的建筑物废墟，考古学家们证实它是公元前4世纪所建的"月神庙"，当地人把它称为"比基尔斯后宫"，而比基尔斯是他们对示巴女王的称呼。后来，人们总想找到那位神秘女王的踪迹，但从挖掘出的刻石和文物中却寻觅不到她的倩影。

不少"示巴迷"们认为，这个古王国的居民来自幼发拉底河一带的闪米特人部落。他们崇拜太阳、月亮和星星，所用文字和字母与古代腓尼基人相近，与古代埃及手抄本的文字

也有相同之处。这或许能够说明，古代不同国家和地区之间有着共同的、紧密的文化联系。今天人们在埃塞俄比亚也发现了那里有着同也门境内相似的月神庙建筑遗址，这大概说明了示巴文化对邻近各国曾有着广泛和重要的影响。

示巴古迹的发掘，已透射出这个文明古国的奇光异彩。但失落的示巴文化历史之谜，还远未全部揭开。

世界流传的大洪水之谜

包括巴比伦、希腊、印度、中国等文明古国在内，世界各地绝大多数文化中都有形形色色的大洪水传说。

比如，据古书《山海经》记载，中国远古时候曾经"洪水滔天"，鲧偷了天帝的一块名叫"息壤"的能够自己生长的土去堵塞洪水，因为没得到天帝的同意，被天帝处死了。鲧的儿子禹继承了鲧的事业，采用疏导的方式开山泄水，终于治好了洪水。这就是大家熟知的"大禹治水"故事。

现在，很多人都知道诺亚方舟的传说：上帝不忍心让善良的诺亚死于洪水，便让他造了一艘大船，载着他一家老小和各类留种的动物躲过了这

大禹治水

场灭顶之灾。当时一连下了40天大雨，洪水漫过了高山的山顶，除了方舟以外，地球上的生命全都灭绝了。几个月后，洪水消退，方舟漂到了阿拉拉特山上。

在现代的伊拉克沙漠地区，通过考古发现了总数有好几千块泥版，上面镌刻的楔形文字记载了包括古代中东地区苏美尔国君王吉尔格梅施的生平事迹。这些泥版的历史，有些可追溯到公元前3000年，泥版上的文字告诉我们，远古时代地球曾经发生一场惊天动地的大洪水：

"我将向世人宣告吉尔格梅施的事迹。这位君王通晓世间一世事务；他的踪迹遍及地球上每一个国家。睿智的君王探知人间种种幽秘，看透人世种种风情。现在，他将为我们讲述一则发生在大洪水前夕的故事。风尘仆仆，身心疲累，他结束一趟漫长的旅程返回家园，将旅途上听到的故事

镌刻在一块石板上。"

吉尔格梅施带回的故事，是一位名叫乌纳皮施汀的国王向他讲述的。这位君王数千年前统治过一个国家，后来经历一场大洪水。洪水退后，上苍赐他永生，因为他保存了人类和地球上所有生物的种子。

乌纳皮施汀说，很久很久以前，四位神灵共同统治我们这个地球。这四位神灵是苍天之神阿奴、大护法恩里尔、战争及性爱女神伊施妲儿、水神艾亚。艾亚是人类的朋友和守护神。

在那个时代，地球上人烟十分稠密，人类不断繁衍，整个世界充满噪音，如同野牛吼叫，吵得天神不能成眠。大护法恩里尔听到人间的喧嚣，便对座上诸神说道："人类的喧闹实在刺耳，吵得我们不能安睡。"于是众神决定消灭人类。

水神艾亚怜悯乌纳皮施汀王。他来到王宫，站在芦苇墙外对殿内的乌纳皮施汀说，人间即将发生一场大灾难，他得赶紧建造一艘船，保全一家人的性命：

"拆掉你的房子，建造一艘船，抛弃所有的财物，赶快逃命去吧！莫依恋世俗的财物，拯救灵魂要紧，听着，赶紧拆掉房子，依照一定的尺寸，以均衡相称的长宽比例建造一艘

船。将世界上所有生物的种子贮存在船中。"

乌纳皮施汀不敢怠慢，立刻动手建造一艘大船。他告诉吉尔格梅施王："我把全部财物搬到船上，将所有生物的种子贮存在船舱里。"

"一家大小上船后，我把牛马和其他牲畜及各行各业的工匠带到船上。那个日子终于来临了。破晓时分，天际涌现一堆乌云，风暴之神阿达德策马驰骋，铁骑过处传出阵阵雷声，风暴之神将白昼转变成黑夜，摧毁大地如同敲碎一只杯子。一团黑雾昏昏暗暗，直涌上天堂……"。

头一天，风暴席卷整个大地，四处引发山洪，天地间一片漆黑，伸手不见五指。众神也吓得仓皇撤退，纷纷逃奔到天神阿奴居住的天宫，蹲伏在宫殿四周，瑟缩成一团，有如一群受到惊吓的小狗儿。爱神伊施妲儿扯起嗓门尖叫："这些都是我的子民啊！难道我就这样眼睁睁看着他们像一群鱼儿葬身在海中？"

乌纳皮施汀继续描述这场洪水："一连六天六夜，暴风不断吹袭，波涛汹涌，洪水淹没整个世界。暴风和洪水同时发威咆哮，有如两支对阵交锋的军队。第七天黎明，南方刮来的暴风终于平息，海面逐渐恢复宁静，洪水开始消退。放眼望去，只见

大地一片死寂，大海一望无际，平滑得如同屋顶的天台。地球上的生灵全都葬身水中。我打开舱门，让阳光照射到我的脸庞上。心中一酸，我弯着腰身坐下来，哀哀哭泣。两行眼泪流下我的腮帮。在我周围，触目所及尽是白茫茫的大水。我看到水中矗立着一座高山。我们的船漂流过去，搁浅在山腰。我把船缆紧紧系在尼西尔山上，第七天早晨，我打开鸟笼放出一只鸽子，让它飞出船舱。它在水面上盘旋了一会儿，找不到可以栖息的树木，只得飞回船上。我又放出一只燕子。它也找不到落脚的地方，只好飞回来。我放出一只乌鸦，它看见洪水已经消退，高兴得啼叫起来，四处飞翔觅食，转眼消失无踪，不再回来。"

乌纳皮施汀知道，现在可以离船登岸了：

"我伫立山巅，把一杯酒洒在地上祭神，我把甘蔗枝、香柏枝和杨梅枝堆在山头上，众神闻到香气，纷纷围聚到祭品上，如同一群苍蝇。"

这些记载并不是苏美尔古国流传下来的唯一文字记录。在伊拉克出土的其他泥版。可以看到乌纳皮施汀描述的"诺亚式人物"，只不过名字改为齐苏德拉、奚苏锡洛斯或阿特拉哈西斯。这些人物全都有一个共同特征：他们是一族之长，受到慈悲的神眷顾和开悟指示，建造一艘方舟，漂流在淹没全世界的大洪水中，保存人类的命脉。

流传在中东美索不达米亚地区的洪水神话，和有名的"诺亚方舟"故事存在许多明显共同点。对于这些共同点学者至今争论不休。真正重要的是，在地球上每一个文化圈中，类似的神话传统都被一直流传下来，遗留给后世子孙。这个悲壮的神话以鲜活的语言，讲述古代发生过的一场全球性的、几乎毁灭全人类的大灾难。

在地球的另一端、距离中东地区十分遥远的墨西哥河谷，这个地区不论在文化上或在地理位置上，都被阻隔于犹太教或基督教势力范围之外。然而，早在西班牙人入侵之前，当地居民就已经流传许多有关大洪水的故事。这场发生在第四太阳纪末期的大洪水，淹没了整个地球："豪雨骤降，山洪暴发，大地一片汪洋。高山隐没水中，人类变成鱼虾……"

根据中美洲阿兹特克族印第安人的神话，全世界只有两个人逃过这场大浩劫，存活了下来。他们是一对夫妻，男的叫柯克斯柯克斯特里，女的名为苏齐奎泽儿。在天神开示下，夫妻俩建造一艘大船，漂流到一座高山上。洪水消退后，他们钻出船舱，在当地定居下来，生养子女，但孩子们都是哑巴。一只栖停在树梢的鸽子教导孩子们说话，但所传授的语言都不相同，以至于孩子们之间无法互相沟通。

另一则流传在梅卓卡尼塞克族印第安人部落的中美洲传统神话，更像《旧约全书·创世纪》和美索不达米亚泥版记载的洪水故事。根据这个传说，天神泰兹卡提尔波卡决定发动一场洪水，毁灭全人类。他只放过泰兹比一家人，让他们搭乘一艘载满飞禽走兽、粮食和植物种子的大船，逃离这场洪水，以保存人类的命脉。天神命令洪水退去后，这艘大船搁浅在一座高山上。泰兹比放出一只兀鹰，探测洪水是否真的退去。兀鹰只顾啄食遍布地面的人畜尸体，不再飞回船上。泰兹比只好差遣其他鸟儿：只有蜂雀衔着一根树枝回来。泰兹比看见洪水已经退去，大地开始复苏，便带着妻小走出方舟，在当地定居下来，生养子孙，不断繁衍，让地球又充满人烟。

玛雅族印第安人的神圣典籍《波波武经》，也记载这场天神惩罚人类的大洪水。根据这部古老的经书，天神在开天辟地之后就决定创造人类。在这场实验中，它"用木头雕制人像，让他们开口说话"。这些木头人后来失去它的欢心，因为"他们忘记

造物主的存在"。

于是，上天发动一场大洪水，波涛滚滚，淹没了这些木头人，浓稠的树脂从天而降，大地一片阴暗，黑雨倾盆而下，昼夜不息，木头人一个个被砸碎、摧毁、肢解、消灭。

然而，还是有人逃过这场大浩劫。就像阿兹特克人和梅卓卡尼塞克人，犹加敦半岛和危地马拉的玛雅人相信，一个诺亚式的人物和他的妻子——玛雅人管他们叫"大父和大母"——逃离了这场洪水，重建灾后的世界，成为往后世世代代人类的祖宗。

厄瓜多尔的卡纳里亚族印第安人流传一则古老的洪水神话。根据这个传说，洪水发生时，一对兄弟结伴逃到一座漂浮的高山上，避开了这场大灾祸。

巴西的图皮南巴族印第安人敬奉一群扮演造物主角色，将文明带给人类的英雄。第一位英雄是莫南（意为"老叟"）。据说，创造人类后没多久，他就放一把大火，发动一场洪水，把整个世界毁灭掉。

秘鲁的洪水传说特别丰富，根据其中一个颇具代表性的传说，洪水发生前，一只骆马曾警告一个印第安人。此人和骆马相偕逃到一座名为维尔卡—科托的高山上。

抵达山巅时，他们发现许多飞禽走兽已经聚集在那儿。海水开始高涨，淹没地球上所有平原和山丘，只有维尔卡—科托山矗立在水面上。波涛滚滚，不断冲击山巅，聚集在那儿的动物都吓得挤成一团，紧紧依偎在一块。5天后洪水开始消退，海平面开始降低。人类全都淹死了，只有一个人逃过这场浩劫。他就是今天地球上所有人类的祖先。

哥伦布发现美洲之前，智利的亚劳克奈雅族印第安人流传一则有关洪水的神话。传说中说只有少数几个印第安人逃过这场劫难。他们在一座名为锡格锡格（意为"雷霆"或"闪电"）的高山上找到避难所。据说这座山有三个山峰，能够漂浮在水面上。

在南美洲极南端的火地群岛神秘的雅马纳族流传着这么一则古老的神话："月亮娘娘发动了一场淹没地球的大洪水，给地球上的人类带来一场大灾祸，月亮娘娘非常憎恨人间的纷扰和动乱，人类全都葬身在洪水中，只有少数几个人逃到矗立在水面的五座山峰上。"

火地群岛另一个印第安部族皮璜契族的传说，特别提到洪水带来的漫长黑夜："太阳和月亮从天空坠落，大地陷入茫茫黑暗中；直到两只巨大的兀鹰飞临，将太阳和月亮驮载回天上，大地才恢复光明。"

在美洲大陆北端，居住在阿拉斯加的伊纽特族爱斯基摩人也流传一则洪水神话。据说，洪水伴随地震而来，转眼间席卷整个大地，只有少数几个人搭乘独木舟，仓皇逃到最高的山峰上，躲过一劫。

美国加州南部的鲁瑟诺族印第安人传说，古时一场洪水淹没全世界，只有一小群人逃到露出水面的几座高山上，才得以保住生命。洪水消退后他们才敢回到平地上。鲁瑟诺族北边的呼伦族也流传类似的洪水神话。蒙登雅人是阿冈坚族（美国印第安人最大一族，居住于美国中西部）的一支。他们的一则传说提到，洪水消退后，米查波在一只乌鸦、一只獭和一只麝鼠协助下重建灾后世界。米查波的名字意思是"巨兔"。

林德编撰的《达科塔州历史》是19世纪一部权威著作，保存大量本地传说和神话，其中一则依洛郭伊族神话记载："很久以前，大海和洪水曾经入侵陆地，淹死所有人类。"契卡索族的传说则指出，大地虽然被洪水淹没，"但有一个家庭和每种动物的两只获救"。苏族的神话也提到，大地曾经变成一片汪洋，人类全部葬身水中。

希腊神话也充斥着洪水的记忆。公元前8世纪希腊诗人海希奥德搜集的古代希腊民间传说也提到，现今的人类出现之前，地球上曾经有过4种不同的人类，每一种都比后来的先进，而每一种都在命定的时刻被一场地质剧变"吞没"。

最早出现在地球上的人类是"金族"。据说，他们"日子过得逍遥自在，无忧无虑，有如神仙，终日饮宴歌舞，最后在睡梦中溘然长逝，安详离开人间"。后来众神之王宙斯一声令下，这个黄金民族"沉入地底深处"。继之而起的人类依序是："银族"、"铜族"、"英雄族"和我们所属的"铁族"。铁族是第5种，也是最后一种出现在地球上的人类。

根据希腊神话的描述，"铜族"拥有"巨人的力量，四肢十分粗壮"；然而，这群顶天立地的大汉却被众神之王宙斯全部消灭，以惩罚巨人普罗米修斯盗窃天火，为人类带来火种的罪行。暴跳如雷的宙斯于是发动一场大洪水，准备将地球上的生灵清除干净。

这个故事有好几个版本。根据流传最广的一个版本，普罗米修斯曾使一个凡间妇女怀孕。她生下的儿子取名为杜卡里昂，长大后成为希腊东部西萨里地区锡亚国的君主；他的妻子是普罗米修斯的兄弟伊匹米苏斯跟潘朵拉所生的女儿，绰号"红发美人"的琵拉。宙斯决定毁灭"铜族"时，杜卡里昂受到普罗米修斯警告，连忙打造一口木箱，将"所有必需品"贮存进去，然后带着妻子琵拉爬进箱子。众神之王命令大雨降落人间，将地球大部分地区淹没。人类全都葬身在洪水中，只有少数逃到高山的人得以幸存。

"就在这当口，西萨里地区的山脉崩裂，从地陕到伯罗奔尼撒半岛，极目所见尽是一片汪洋。"

杜卡里昂和琵拉躲藏在木箱里，漂流九天九夜，终于抵达希腊南部的帕纳索斯山。大雨停歇后，夫妻俩钻出箱子，向诸神献祭。宙斯派遣使神汉密士去见杜卡里昂，询问他有何意愿。杜卡里昂恳求恢复人类的生机。于是，宙斯命令杜卡里昂捡起地上的石头，反手抛到肩膀后面。杜卡里昂抛出的石头变成男子，琵拉扔出的石头化为女人。

希伯来人视诺亚为祖宗。同样地，在古代希腊人心目中，杜卡里昂是国族的始祖，也是许多城镇和神殿的建立者。

3000多年前，在吠陀时代的印度，民众也崇仰一个类似的人物。根据当地的传说，有一天，一位名叫曼努的智者正在沐浴，忽然，他发现手掌上有一只小鱼向他哀叫，请求他放过它一条命。曼努觉得它可怜，就把它放进一口坛子里。不料，第二天小鱼的身子却长大了许多，曼努只好把它带到湖里。没多久，偌大的湖又装不下这只鱼的身子。它对曼努说："把我扔进海里去吧！这样我就会感到舒畅些。"（其实这只鱼是护持神的化身）后来，他警告曼努，一场大洪水就要来临，他送曼努一艘大船，吩咐曼努先在船上装载各种动物（每一种两只）和所有的植物的种子，然后自己再上船。

曼努遵照指示张罗妥当，海水就骤然上升，淹没整个世界。大地变成一片汪洋，水面上只看得见护持神的身影——这时它已经化身为一只全身覆盖金色鳞片，头上长着一只角的大鱼。曼努把船缆系在鱼角上，让护持神拖着穿过茫茫大水，走到"北山"的顶峰。

大鱼说："我救了你一条命。赶快把船缆系到一棵树上吧，免得让大水把船冲走。你待在山顶上，看见洪水消退就一步步走下山来。"曼努遵照指示。后来洪水下降。这场大水冲刷掉地上万物和所有生灵，只有曼努一个人活着。

于是，曼努带着船上那群动物，

利用船上贮存的植物种子，重建劫后的世界，为人类开启一个新时代。一年后，水中突然冒出一个女人，自称是"曼努的女儿"。曼努娶她为妻，跟她生下一群子女。这对夫妻就成为现今人类的始祖。

印度宗教典籍提到"7个太阳纪"，每一个都在洪水、大火或暴风中结束。目前这个周期"第7太阳纪"终结时，"大地将在大火中崩裂"。马亚西亚沙劳越州和沙巴州土著相信，以前的天空非常"低沉"；根据他们的神话，"6个太阳已经毁灭，照亮现今世界的是第7个太阳"。欧洲流传的一些神巫书籍也提到"代表9个时代的9个太阳"；书中预言，人类还剩下两个时代——第8和第9个太阳时代。

最后值得一提的是，古代埃及神话和传说也不乏大洪水的故事。例如，在法老塞提一世陵墓发现的一篇丧葬经文就提到，一场洪水将充满罪孽的人类消灭。古埃及《亡灵书》第175章说明这场灾难发生的原因。月神索斯指责人类的罪行：

"他们争吵，他们殴斗，他们犯罪，他们制造仇恨，他们杀害生灵，他们到处惹是生非，欺压善良……（所以）我准备把我当初创造的一切全部消灭。一场大洪水将降临世上，把地球转成一个大水坑，让大地恢复太初时期的原始面貌。"

埃及月神索斯这番话又把我们带回古代中东神话和基督教《圣经》中的洪水故事。《旧约全书·创世纪》记载，世界在神面前败坏，地上充满强暴。神观看世界，见是败坏了，凡有血气的人，在地上都败坏了行为。神就对诺亚说："凡有血气的人，他的尽头已经来到我面前，因为地上充满了他们的强暴，我要把他们和地一并毁灭。"

如果杜卡里昂的洪水、曼努的洪水和那场毁灭阿兹特克人"第4个太阳纪"的洪水，《圣经》的洪水宣告一个时代的结束。继之而起的是人类的一个新时代，也就是我们今天所处的、由诺亚的子孙建立的时代。然而，从一开始我们就知道，这个时代到头来也可能会在一场大灾难中结束。就像一首古老的歌谣预言的："神向诺亚展现彩虹征兆：下回不再用水，下回用火。"

既然世界上许多民族都留下了关于大洪水的记载，那么会不会在远古时代真的出现过一场遍及世界的大洪水呢？这个问题吸引了大批专家学者，他们从各方面提出假设，各种观点争论不休，于是就使它成为最引人注目的上古大疑案之一。

尽管这些神话产生自各个不相统属的文化，为什么故事却是如此的相似呢？为什么这些神话会充满共同的象征，拥有相同的典型人物和情节呢？倘若这些神话确实是人类的"记忆"，为什么没有历史文件提到这场蔓延全球的大灾难？无论对一场遍及世界的大洪水是否真的出现过作何种解释，都不能回避这样一个事实：洪水确实是古文明灭绝的原因之一。

土耳其金字塔

人们都知道埃及金字塔，也知道玛雅金字塔，但是很少知道土耳其金字塔。

2000年前，在现在土耳其东部的内陆高原，背靠连绵不断的托罗斯山脉，有一个叫做"库玛坎内"的小国。随着历史的流逝，"库玛坎内国"早已不复存在，但是至今还留下了不少堪称是古代阿纳托利亚瑰宝的古迹。在海拔2100米的奈姆尔特山上还耸立着一个世界上屈指可数的金字塔和神像。由于地处偏僻，这个遗迹从发现到现在才100来年，直到20世纪60年代，从首都安卡拉到奈姆尔特山之间1000多千米，连一条简单的公路都没有，交通十分不便。所以，除了当地放牧者和猎人登山外，很少有旅游者前来观光。后来土耳其政府修筑了一条通向奈姆尔特山的公路，这才使游人有幸前往游览。

在奈姆尔特山上有一座用拳头大小的鹅卵石堆积起来的高 50 米、直径 100 米的三角锥形塔，这个人造的塔构成了奈姆尔特山真正的山顶。这是公元前 63 年统治"库玛坎内"王国安提阿卡斯一世（公元前 63 ~ 前 32 年）为自己建造的永久安息之地。

安提阿卡斯一世为什么要在海拔 2100 米的高山上修建自己的陵墓？随着他的长眠，这将永远是个不解之谜。但是，可以想象这位统治者是受权欲的支配选中了这块地方。在当时他统治的库玛坎内王国境内，奈姆尔特山最高，堪称是王国至高无上权力的象征。他死后安葬在那里，好让他的臣民们远望看到他的存在与力量。事实上，在他死后 100 年，王国就被罗马帝国吞并。库玛坎内王朝犹如昙花一现，很快从历史舞台上消失。

从塔的外观上来看，与埃及法老修建的四方形金字塔不一样，这是一种三角形锥体。但是从其建筑的宏伟规模来说并不比埃及金字塔逊色，所以人们把它称为"土耳其的金字塔"。

在塔前东西两侧筑有用巨石砌成的长长平台，平台上各矗立着 5 尊高达 8 ~ 10 米的巨大神像。东侧设有祭台，供祭祀太阳神用。西侧平台后有一道用巨石建起的影壁，墙上铭刻着库玛坎内王的丰功伟绩和王国的法律等。在柔和的阳光下，伫立在蓝天中的石像显得更加高大雄伟，使人感到有一种摄人心魄的力量存在，它与背后耸立着的金字塔尖交相辉映，使周围的气氛显得更加肃穆静谧。

令人遗憾的是，由于当地曾经发生的强烈地震，使重达 3 ~ 4 吨的石像头一个个被震掉在地上。东侧石像的头凌乱地躺在地上。但是，西侧的石像头却依然威武地竖立在地上，而且基本上完好无损，依旧保持着当年雕刻时英俊的容颜。宙斯神庄严肃穆；头发上装扮着蔬菜果物的命运女神福妥娜温柔甜美，尽管鼻子与下巴已经磕掉，但是美丽的风韵犹存，他们的目光望远凝视着西方。在西边平台两侧还有巨大的狮子和浮雕，守护着神像。

2000 年前，横跨欧亚两洲的库玛坎内王国受到了东方波斯与西方希腊、罗马两大文化的强烈影响，这从东西两个平台上并排着 5 尊神像的姿态可以窥见。它们即代表了古希腊神话中的众神，如主神宙斯、战神阿瑞斯、大力士赫克勒斯，表示波斯神话中的主神奥洛马坦斯和阿尔泰盖内斯，以及库玛内坎臣民心目中的神安提阿卡斯一世。这些雕刻精美的神像反映了当时文化、艺术和生产技术已达到了一个相当高的水平。

对这些高达 8～10 米的神像而言，尽管其身躯是由若干块大理石雕凿而成，仅石像头部就有 3～4 米高，用整块大理石雕凿，每块重达数吨。但在当时的生产条件下，要把这些石料从 30 千米以外的采石场运到这儿，又要把它运上这陡峭的山顶，如果没有较高的生产技术，是不可能完成这么浩大的工程的。

卡纳克石阵

法国布列塔尼半岛的濒临大西洋的城镇卡纳克，是一块充满了神秘色彩的地方。这里除了有巨石砌成的古墓，最吸引人的便是郊外那一片片整齐排列的石阵。

长期以来，卡纳克石阵一直默默无闻，直到 18 世纪 20 年代才引起人们关注。这片石阵，据说曾有 1 万根石柱，而如今仅存 2471 根。它被农田分为 36 片，以 12 根一排向东延伸。最高石柱露出地面部分达 4.2 米的莱芒尼石阵，地处城北 1.5 千米。

从这里再向北，便是卡尔马里石阵，它比前者要小，与其相邻的凯尔斯堪石阵就更小些了，长约 400 米，远远一望，好像正在接受检阅的一队士兵。

不少学者相信，石柱是凯撒大帝时代的产物。19 世纪初，考古学家在卡纳克发现许多蛇崇拜的遗迹，这使人产生联想：那一条条逶迤延伸的石队或许是蛇的模拟图形？还有人推测，这个石阵是晒鱼场、市场、旅馆、妓院的遗址。现今甚至有人称它是外星人访问地球的飞船基地。

1959 年，专家们确认卡纳克为世界上最大的新石器文化发源地之一。正如对石阵进行了长期考察的英国考古学家欧文·霍丁霍姆所说，这个石阵就像金字塔一样，为人类留下了永恒的不解之谜。

令人不解的是，这么大规模的石柱群为何在 18 世纪以前的历史记录中，只字未提？这也是石柱群令人感到神秘莫测的主要原因。人们无法从文献中探知它的形成及作用。于是便开始了种种推测。

有的说，卡纳克镇守护神可内利在公元前 56 年，为抗拒凯撒大帝的罗马大兵入侵而亲登镇北山丘，在奇迹般的神力下，将一个个追赶来的罗马人封死在原地，变成石柱。有的说，罗马人竖立石柱，是为了作为庇护帐篷的挡风墙。

这些论调当然是仁者见仁，智者见智。虽然石柱群之谜还有待于将来的解开，但至少有一点可以肯定，就是经过放射碳－14测试，这些石柱群早于公元前4650年便已经存在了。也就是说，它们是新石器时代文化最伟大的源泉。

2个世纪前，考古学家在法国的布列塔尼半岛上挖掘出呈不规则排列的巨大石柱群，这是世界考古史上最神奇的伟大发现之一。

这个被英国考古学家海丁翰教授称为"比金字塔更为神秘"的石柱群，无论从它们的重量、数量、高度和历史的久远程度来看，都足以取代英国沙利斯伯里平原上的石群，成为名副其实的世界巨石之最。

奇特的石块几何图形

在美国的怀俄明州大角山上有一个用石块砌成的十分奇特的几何图形。它就好像一个大石环，直径25米，圆心是一个较大的圆锥石堆，从它的圆心处向四周引出28条放射状线，线的间距不等，其中有6条线末端用小石堆作为标志。

早在白人向美洲移民时，就有人注意到了这个神秘的石环。由于当时此地处于印第安人的猎区内，使人误以为这是宗教迷信的产物。石环还引起天文学家的关注，因为它的射线数目"28"很接近太阴月的天数。学者们进而推论两边对称排列的射线与石堆可能与测定日出、日落有关。就似英国索尔兹伯里以北发现的巨石阵一样，石块的排列位置构成了夏至时日出方位的指向线。于是他们得出这样一个结论：这神秘石环正是最原始的观测天象的仪器。

后来，科学家、学者们经过长期考察、测量和计算后发现，由石环中心到最远石堆的射线正好对准夏至时日出的位置，其他三条射线指向了三颗最亮的星，即昴宿五、参宿七和天狼星的赤经点。据历史考证，在石环形成的年代，夏至是可以根据昴宿五星的位置来确定的。但这种机会仅仅有一天，即昴宿五与太阳重合的一瞬间，这之后经过28天与参宿七重合，与天狼星重合也是经过28天。这个天数与石环射线数不谋而合，是出于偶然的巧合呢，还是古印第安人当时对星空的认识远远超过了现代人的想象？

大角山的石环并不是唯一的。在洛基山脉东坡上及附近丘陵地带也发现大量石环。另外在加拿大的阿尔伯达省中部高原上也发现了类似的石环，尺寸却比大角山石环大，圆心石堆也高。

经过考古学家鉴定，认为这些石环可能是四五千年前，古埃及建造金字塔时期的遗物。专家们发现这些石环有一个共同之处，即都位于地势最高的地方，水平视野开阔。其中一些比较小的、简单的、射线数也较少的石环可能属于另一系统。它们的射线是指向远在 15～80 千米之外的石环和石堆的。

石环的疑点并没有完全解决。这些石环的建造仅仅是少数祭司们为了夏至的到来而举行的太阳庆典吗？在当时落后的科学文化条件下，土著印第安人是从哪里获得如此高水平的天文知识呢？

高山狭谷中的"悬崖宫"

美国西南部一个不毛之地的峡谷是阿拉撒热人不可思议的史前文化的摇篮。对他们所取得的惊人成就及其衰落，今天人们只找到了一些蛛丝马迹。

1888 年，一天风雪交加，两个牧童为寻找迷路的牛群，来到科罗拉多州梅萨的一个荒凉的峡谷。透过飘飘雪花，他们看到一些建筑物的轮廓。他们感到奇怪，峡谷中怎么会有建筑物呢？于是他们俩顺着一条较宽的悬崖壁凹溜到了底部，然后进入了一座辉煌的小城堡。城堡是用石头修筑的多层住宅。他们发现了一些陶器、简陋的工具和灰烬，这些东西，看来都没人动过。

就是这个地方，现在以"悬崖宫"名扬四方。它是著名的史前美洲印第安人的居住地之一。

阿拉撒热人最有名的废墟，有的位于梅萨和科罗拉多州西南部及其毗邻的犹他州的霍芬——韦普地区；有的位于亚利桑那州和犹他州交界的卡延达地区；有的位于亚利桑那州东北部捷里处的风景如画的峡谷。

也许，阿拉撒热人最重要的地区在查科峡谷。该峡谷长 15 千米，宽 1 千米，在新墨西哥州西北部。大约 1050 年，印第安人在查科经历过一段空前绝后的创造力突发期。因此，以后考古学家们把类似的创造力突发称为"查科现象"。以后几十年他们建造起一座综合性城堡，由 12 个完整的小镇组成。当时，这个中心地带宗教兴盛，政治安定，经济繁荣。查科峡谷及其周围偏僻的地区，估计曾有 5000 多人。就石器时代而又处于荒凉地带的氏族社会而言，这是相当大的一个部落了。

为什么查科人愿意居住在贫瘠荒凉干旱的峡谷中呢？这是一个谜。当时，他们也许掌握了灌溉技术，能够养活比现在居住在此地还多的人口。虽然阿拉撒热人不知读、写和计算，但是他们却熟练地掌握了一些简单的天文技术。他们在悬崖顶上修筑起"天文观测台"。最有名的是查科峡谷法加达·巴特顶上的"天文观测台"。"阳光针"（考古学家们把它们称为"太阳匕首"）插在垂直的平石板中间，用以测冬至、夏至和春分、秋分。他们还在峭壁上雕画着一些现在难解的图案。

查科四通八达，这也说明查科是当时的交换中心。使人迷惑不解的是，这些人行道被踩得那么坚硬，路面宽 30 米，迄今为止发现了数以百计的道路。道路笔直，穿过崎岖的山地，跨过条条溪谷，沿着岩石上的宽石梯，爬上悬崖。现在每隔 8 千米或 10 千米都出现一座普韦布洛的小废墟。也许，这些废墟是当时的客栈。在这些小道附近相应的一段距离找到了一些圆石头。显然，这些圆石头是到达客栈的记号。

大约 1150 年，查科达到鼎盛时期，随后查科文化神秘地开始衰落。

他们放弃了美丽的城堡，离家出走了。对他们的衰落，众说纷纭，莫衷一是。有的说是由于人口过剩；有的说是由于旱灾频繁；有的说是由于气候严寒缩短了作物的生长期；有的说是由于过度耕耘这块土地等等。不过，也许还有一个更可怕的原因。12 世纪中叶，普韦布洛人和其他居民把大房子的门窗都堵起来，用石头堵住了普韦洛的主要入口，只留下一条通道，沿着梯子上下。他们这样做是为了抵御来犯者。可是，迄今为止在这些废墟上尚未发现支离破碎的尸骸或厮杀后留下的痕迹。

耀眼的"三叉戟"标记

在秘鲁利马南部的比斯科湾，有一个人工建造的高 250 米的红色岩壁，岩壁上雕刻着一个巨大的三叉戟或三足烛台形状的图案。三叉戟的每一股约有 4 米宽，而且是用含有像花岗岩一样硬的雪白磷光性石块雕成的，因此，如果不是现在被沙土所覆盖，它将发出耀眼的光芒。

是什么热情驱使古印加人建造这么巨大的石头标记呢？

一些考古学家认为，比斯科湾岩壁上的三叉戟是指示船只航行的路

135

标。但大多数考古学家不同意这种说法。他们指出，绘制在这个海湾中的这幅三叉戟图案，不能使所有角度上航行的船只都能看到它；况且，在遥远的古代，是否有远洋航行这回事都值得怀疑。如果有些航行必须要用航标来指示的话，古印加人为什么不利用两座岛屿？这两座岛屿就在三叉戟的中间延伸线的同一海面上；它们提供了有利的自然条件，不管船只从哪一个方向驶向海湾，从很远的地方就可看到这些岛屿。但如果用三叉戟当航标，从北方或南方来的海员却不能看到它。而最主要的一点，绘制三叉戟的人，是使它的方向朝天的。另外一点也值得提一下，在三叉戟坐落的地方，除了一片沙滩之外，没有任何东西可吸引海员。而且，就是在史前时代，那里的水中也是礁石嶙峋，根本就不适宜船只停泊。因此，考古学家们认为，这座在古时候光芒耀发的三叉戟图案，一定是作为某些会"飞"的人的航空标志而设置的。

考古学家的推测，如果三叉戟是航空标志，那它不应是孤立存在的，在它的周围一定还有另外一些东西。果然，20 世纪 30 年代，在距三叉戟图案 160 千米外的纳斯卡荒原上，考古学家又发现了许多神秘的图案。这些图案遍布从巴尔帕的北边至纳斯卡

三叉戟图形

南边的 60 千米狭长地带。它们是一些几何图案、动物雕绘以及排列整齐的石块，很像一座飞机场的平面图。

如果乘飞机在这个荒原的上空飞行，人们可以发现许多闪闪发光的巨大线条。它们伸展几千米，有时平行，有时交错，有时构成巨大的不等边四边形。此外，还能看到一些巨形动物的轮廓。它们都是用明亮的石块镶嵌出来的。其中有极长的鳄鱼，卷尾的猴子……还有一些地球上从未见过的异禽怪兽。

是谁制作了这些图案？为什么把它们绘得如此巨大？而且只能从一个很高的角度——例如在飞机上——才能获得整图案的全貌呢？这些问题引起了考古学家们的兴趣。

据当地的传说，在过去的某一时期，一群不知来历的智慧动物，登陆在今天纳斯卡城近郊的一块无人居住的荒原上，并为他们的宇宙飞船在那里开辟了一座临时机场，设置了一些着陆标记。这之后，不断地有他们

的飞船在这里着陆和起飞。这群宇宙来客在完成了他们的使命后，又离开地球回到自己的行星上去了。当时的印加部落，曾亲眼目睹了这些宇宙人的工作，并且留下了很深刻的印象。

考古学家们对这个神话般的传说深信不疑，他们并且推测：如果纳斯卡荒原是登陆点，比斯科湾上的三叉戟是登陆指标，那么，在纳斯卡的南边也应有一些指标才对。

果然，在距离纳斯卡402千米的玻利维亚英伦道镇的岩石上，人们发现了许多巨大的指标。在智利的安陶法格斯塔省的山区及沙漠中，也陆续找到了这样的东西。在许多地方，有直角形、箭矢状和扶梯状的图形，到处都可看到。甚至可以看到整个山坡上绘着很少雕饰的长方形图案，在同一平面上的整个区域内，峭壁上陈列着光芒四射的圆周和棋盘形状的椭圆形图案。而在人迹罕到的泰拉帕卡尔沙漠的山坡上，有一幅很大的机器人图案。这幅机器人图案有100多米高。它的形状是长方形的，很像棋盘，两腿直直的，纤细的脖子上是一个长方形的头颅，上面有12根一样长的天线般的东西竖立着。从臂部到大腿间，有像超音速战斗机那种粗短翅膀般三角鳍连接在身体的两边。这幅图案距纳斯卡荒原大约800千米。

一些考古学家们推测，这些图案与宇宙来客有关，是一些很值得研究的古代遗址。

图尔纳荒原的石柱

在非洲肯尼亚共和国北部，图尔卡纳湖（以前称"鲁道夫湖"）以西，有一片广阔的荒原，在荒原上屹立着19根石柱，每根石柱的长短和大小各不相同，插入地下的角度也各不相同。石柱之间的间隔很小，一般距离不超过1米。石柱上刻有许多奇形怪状的花纹、左右对称的图案，其中有毒蛇和鳄鱼等动物形象，较多的是酷似字母"E"的图形。19根石柱全向北倾斜。当地居民"图尔卡纳族人"，把荒原石柱称为"纳穆拉图恩加"。在图尔卡纳族的语言中，"纳穆拉图恩加"的原意是"变成了石头的人"。关于这个名称的来历，有一段古老的传说：相传在遥远的古代，有19个人触犯了天条，因而受到天神的惩罚，使他们变成了19根石柱，永远站立在荒原上，仰望着天空，祈求天神的怜悯和恩赐。直到现在，图尔卡纳族人还在石柱顶上用小石块堆成小金字塔形的锥体物，向天神诚心祭拜。

这19根石柱过去没有引起考古学家的注意，直到1975年才引起考古学家们的极大兴趣和高度重视。从此以后，10多年来，许多国家的学者纷纷前往考察。经长期调查研究，大家一致肯定：这19根石柱，是2000多年前古人特意建造的一座石头天文台。用放射性碳的分析法测定，这座石头天文台的年龄为（2285±165）年。由此可知，这19根石柱大约是公元前300年竖立起来的。石柱之间联结成的几何线条可以确定天空中一些星座的位置。西侧的第15号和第18号石柱，是观察天空中星座的基本石柱，观察者站在它们的背后，就能经过其他石柱的顶端划出一条条线指明星座出现的空间位置和这些星座在天空中移动的踪迹。这种观察，能达到精确的程度。

在这19根石柱中，最高的是第11号石柱，最短的是第19号石柱，似乎没有任何一根线要通过这两根石柱的顶端向天空延伸，这两根石柱组成的线条不指向任何一颗星座。那么，究竟第11号和第19号石柱的作用是什么呢？至今考古学家还无法弄清。

石柱上所刻的花纹图案究竟代表什么呢？例如：石柱上所刻酷似字母"E"的图形所包含的意思是什么呢？

据调查，在肯尼亚共和国的蒙特·包尔山山麓居住的莱恩基列族人自古至今盛行这样一种风俗习惯：人们爱用小刀或其他锋利的器具在自己的手上划三个"E"字形的伤口，在伤口上往往搽上盐，待伤口愈合后，"E"形的伤疤就更加突出显眼，引人注目，永不消失，他们还爱在家畜身上盖上"E"字形图案作为戳记。究竟石柱上所刻的"E"字图形与莱恩基列族人在自己手上所划的和在家畜身上所盖的"E"字图形之间有什么联系呢？……总之，这19根石柱有一些奥秘，至今还没有被考古学家查明。

古代"摩天大楼"

在非洲埃塞俄比亚的古代首都阿克苏姆城遗址上，迄今仍然巍然屹立着十几根四棱形的巨大石柱，每根高达35米，重达200～300吨，都是用整块的巨大花岗岩雕刻成的，刻有方形门窗，一层一层叠次而上，远远望去，好像是现代一座座12～13层的"高楼大厦"。据一些考古学家鉴定，它们都是2000～3000年前雕刻制成的。因此，有些人把它们戏称为"古代的摩天楼"。虽然远望去形状酷似

"摩天楼"，但实际上根本不可能住人，因为它们只不过是一些巨大的石棱柱而已。古人为什么要把这些石柱雕刻成"摩天楼"的形状？当时地球上既没有巨型起重机，更没有强大动力的设备，古人究竟是用什么方法把 200～300 吨一根的巨石竖立起来的呢？这确实令人惊奇不已。

据一些历史学家考证，在今埃塞俄比亚北部，最早的居民是同古埃及人和北非的柏柏尔人有亲缘关系的哈米特人。上述巨大的石棱柱，很可能是哈米特人雕制成的。哈米特人曾建立第一个奴隶制国家，国都设在阿克苏姆城（在今提格雷省）。公元前 975 年，孟尼利克一世称王。公元前 8 世纪，阿克苏姆被库施王国征服，直到公元 1 世纪前后，阿克苏姆才发展为独立的国家，国内商品经济很发达，市场流通自己铸造的金、银、铜三种货币，与埃及、印度、斯里兰卡、西亚、希腊、罗马等都有贸易往来，从频繁的国际贸易中获得了巨大的收入，因此，有充足的资金来建筑雄伟壮丽的城堡和豪华的宫殿。据推测，他们雕制这些巨大的石棱柱，很可能是为了显示自己国家的繁荣昌盛，以石棱柱作为城市美观的标志。有些学者认为，这些石棱柱在艺术上别有风趣，技艺精湛，具有古代印

度、希腊、罗马一些国家石刻艺术风格特点，体现了东西方文化艺术的交流和融合。据民间传说，古代阿克苏姆国有一种"煮石铸型"的奇能绝技：卓越的工匠们能够把石头煮成熔融状态，然后浇注于大型铸模里，冷却凝固后即成多种绮丽图案的石刻。有人猜测，巨大的四棱形石柱，就是运用"煮石铸型"的奇能绝技制成的。古人真的有这种奇能绝技吗？对此，一些学者深表怀疑，他们认为，远在 2000～3000 年前地球上的人类，根本不可能具有"煮石铸型"之类的奇能绝技，那只不过是一种无法实现的神话传说而已。

这十几座被现今人们戏称为"古代摩天楼"的巨大四棱形石柱，究竟是何时何人用什么办法雕制和竖立起来的？作何用途？这至今仍是无法求得准确答案的一个奇谜。

世界上最古老的圣坛

公元 1979 年，西班牙考古学家埃奇加莱·巴伦迪伦和美国芝加哥大学的人类学家弗里曼·克莱塞，在西班牙北部的埃尔朱育洞穴进行发掘，发现洞穴入口处有一座原始人用泥土和石块堆砌起来的圣坛，圣坛底部的

面积约 11 平方米，在它的中间有一条长 109 厘米、宽 78.7 厘米的浅沟，沟里堆满了石制矛头、动物骨骼、贝壳和颜料。在沟的一头有个高 50.8 厘米的土石充填的黏土框架（框架用鹿骨、石板等加固），架顶上平放着一块重达 1 吨的石灰石板，石板上放置着一尊石雕像。石雕像非常古怪，它高 35.6 厘米、宽 33 厘米、厚 20 厘米。雕像中间有一道天然石缝，把所刻的脸庞分成了两边，右边是长着胡须的人的半边脸，左边则是凶恶的食肉兽（狮子或豹）的半边脸。

根据放射性同位素法测定，这座圣坛是在 14000 多年前建成的，是迄今所知的最古老的宗教圣坛，也是唯一的一座早在旧石器时代建立的宗教建筑。

宗教的起源问题，是一个很复杂的问题，世界各国学者们对这个问题的看法很不一致。根据现在所掌握的考古材料来看，宗教萌芽于旧石器时代中期，到旧石器时代晚期才逐渐发展起来。当时原始人的生产力很低下，他们的实际知识还处在萌芽状态，而摆在他们面前的是庞大、复杂、神秘莫测的世界，在他们的周围存在着许多他们不能理解、无法解释的自然现象，他们感到自然界中似乎到处都有威力无穷、不可捉摸的神秘

力量在发生作用，他们在跟大自然斗争时，感到自己是渺小和软弱无力的，这样就产生了最古老的宗教观念。这座圣坛地面的石块磨得很光滑，这说明当年原始人经常在这里举行集体性的宗教活动。14000 多年前的原始人竟然已经有了如此完备的宗教活动场所，这在世界上还是首次发现。

更令人奇怪的是那半人半兽脸形的石雕像。为什么原始人要把那尊石雕像的脸庞分成左右两部分呢？考古学家们的看法不一。有些学者认为，可能出于图腾崇拜，这是原始人类一种最早的宗教信仰，当地原始人可能认为狮子或豹与自己有亲缘或其他特殊关系，他们以狮子或豹为图腾，把狮子或豹当作神灵来尊敬和崇拜，这种崇拜既是迷信，又在当地原始人中起着维系集体、统一意志、统一行动的作用。有些学者不同意上述看法，他们认为，这是由于在长期劳动过程中原始人类的体质和智慧都大大向前进化和发展了，他们已经有了较高的思维能力，尤其是抽象思维能力发展更快，因此，这尊人脸与兽脸各半的石雕像，表明了当时原始人已经在认真思索人性与兽性在人类以及神灵中的表现。他们认为右边长着胡须的人的半边脸象征着人性之"善"；左边

凶恶的食肉兽（狮子或豹）的半边脸象征着兽性之"恶"，这样，原始人就巧妙地把"善"与"恶"、"美"与"丑"糅杂统一在一起。这尊石雕像是原始人运用象征性的艺术表现手法创作出来的佳作。可是，令人迷惑不解的是，在近代和现代欧洲艺术品里，所谓象征方法还是一种十分时髦的表现手法，难道14000年前的原始人就已开始运用这种象征方法来进行艺术创作——雕制石像了吗？当时原始人的抽象思维能力以及形象思维能力发展的情况究竟如何？这是有待深入探讨的一个谜。

南极古地图之谜

土耳其海军上将皮瑞·雷斯早年当过海盗，他于1513年在羊皮纸上绘制出了至今仍令地理学家惊叹的南极地图。他在地图说明中称绘制这批图曾参考了20份海图，其中有8张海图是公元前留下的。雷斯的地图被一直保存在伊斯坦布尔的托普卡比王宫中。皮瑞·雷斯的南极古地图引起了人们的极大兴趣。

另外，人们在柏林国家图书馆发现的两本绘有地中海等地区的古地图册中，也见到了皮瑞·雷斯的署名。

1956年，雷斯的南极古地图被送到美国绘图专家阿兰顿·莫勒里的手中接受鉴定。莫勒里惊奇地发现，在这些400多年前绘制的地图上，南极洲的地形特征竟与1949年测定的南极地形轮廓如出一辙。不仅如此，雷斯还应被视为世界上最早绘出南极地图的人。因为在雷斯所处的欧洲文艺复兴时代，学者们还只是限于对南极这块未被发现的大陆的推测和争论，直到1820年以前从未有人能够在地图上标出南极大陆的位置。但皮瑞·雷斯却提前300年绘成了人们在20世纪才画得出的南极地图。

后来，这批由雷斯绘制的南极古地图，又受到了美国威斯顿天文台莱汉姆台长、新罕布什尔学院查理斯·哈普古德教授以及数学家查德·斯特罗钦等人的细致研究和全面鉴定。

学者们认为，这批古地图精确得不可思议。图中画出的南极洲在没有冰川覆盖下的实际海岸以及没有冰川覆盖下的内部地形，都与现在人们利用回声波探测到的资料完全一致；图中标出的山脉、高峰也明白无误。古地图上甚至对那些至今人们尚难勘探到的地方也画得十分精致，譬如图上标明的一条南极山脉直到20世纪50年代以后才被发现。

对于南极古地图上标出的河流，

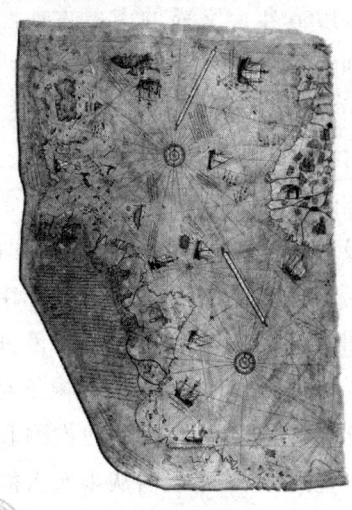

南极古地图

有的研究者曾表示怀疑：在号称"冰雪大陆"的酷寒地区怎么能有河流的存在呢？经过查阅 1949 年海洋地质学家对南极洲边缘的罗斯海的勘察报告，才搞清楚原来海底滞留的岩层是由南极河流带来的冲积物固结而成；这些冲积物已逾万年，入海最迟的也有 6000 年了。而地质历史学家的研究已表明，那时的南极洲尚处在冰川时期之前的温带时期，百川奔流，草木葱茏，充满了生机。

这就是说，早在南极洲被冰川覆盖前的远古时期，就已经有人绘出了南极大陆的原始地形图。这难道是当时的原始居民所为吗？真是无法想象。

随着进一步的研究，科学家们发现皮里·雷斯的古地图极像于卫星拍摄的地球照片。因为经坐标投影后，南极古地图与美国空军用等距离摄影法制成的以开罗为中心的地图几乎完全相同。为此，查理斯·哈普克德教授等人指出：雷斯的南极古地图一定是一张高空拍摄照片的复制品。正是出于"高空摄影效应"。古地图上的南美洲才会被奇怪地拉长；这与美国月球探测器拍下的地球照片的特征刚好吻合。

科学家们除研究了雷斯绘制的古地图外，还搜集到了勃库等人留下的古地图，并从中获得了新的发现和启示。勃库地图绘制于 1733 年，据该图所示，罗斯海和威德尔海相互连通，南极大陆并非整体，而是海洋环抱的两个大岛。该图的真实性一直受到怀疑，直到 1968 年地球物理年时，经过艰辛努力的科学家才终于确认，勃库世界地图十分开准确地反映了南极洲在冰壳覆盖前的真实情况。它与雷斯地图皆记录了南极洲在冰川时期之前不同地质阶段的海陆概貌。

1966 年，查理斯·哈普古德教授出版了一部专著《古代海王地图》，他在书中公布了多年的研究成果。这位教授指出，通过对一批古地图的鉴定，表明在史前时期，可能就有人绘制了画有南极大陆绿洲时代地形地貌的地图。

哈普古德还叙述了他对皮里·雷斯等人绘制古地图来龙去脉的情况。他指出，绘制南极古地图所依据的原始资料，可能来自公元前3世纪初埃及托勒密王朝亚历山大城的博学院，这里曾是世界上保存和研究有关古代航海地图、日志等资料的中心所在。在罗马凯撒大帝侵入埃及后，大部分资料在战乱中失散，只有一小部分被转移到拜占庭帝国，收藏在托普卡比王宫中。

哈普古德还补充介绍了他在研究古地图过程中发现的出现于南极洲之外的早期地理现象，如他在有的古地图上看到了北美洲西北部的阿拉斯加与亚洲东北部，通过如今的白令海峡、当年的大陆桥直接连通；还发现了中心为冰川覆盖的不列颠群岛及部分地区为冰川覆盖的北欧瑞典；而世界著名的"冰雪王岛"格陵兰岛在古地图上却完全没有冰冻等等。

哈普古德等人的研究工作受到了国际学术界的重视；现在，已有更多的科学家加入到古地图的研究与探索行列中来。

研究者们越发意识到，解开南极古地图之谜，可能关系到人类现有文明史观的变革。

应该强调的是，以皮里·雷斯的南极地图为代表的一批古地图，它们共同的特征是准确的坐标和对经度的认可，而且应用了极其精密的大地测量仪器。这还表明我们的祖先在有记载的历史以前的许多世纪，就不可思议地具备了绘制这种令现代人叹服的地图的能力；而近世纪的人们，直到18世纪末才对经度有所认识，直到近期才有绘制这种地图的能力。

毫无疑问，我们的祖先应该说不具备这种能力，而且，毫无疑问的是，这些古地图肯定是用十分先进的技术从高空拍摄的。

即使退一步讲，这些非凡的古地图只是在被人们偶然发现前不久绘制的，也就是说它们可能只有数百年的历史；这样也无法解释古地图的存在事实。因为绘制地图的人必须具备飞行与摄影技术，而且必须掌握某种未知的精密仪器以准确地测出坚冰覆盖下的地貌。

金字塔下的古船

在胡夫金字塔的墓脚有一堆乱石。1954年，人们在清除这堆乱石时发现了石墙和用巨大的石灰岩石料砌成的封顶。拆除了部分石墙后，考古工作者发现了两个在基岩中凿出的硕大的坑。于是他们发掘了其中的一个坑。

坑里埋藏的不是法老或他的妃子,也不是金银财宝,而是一只足尺寸的、被拆卸的古船。此船被拆成1224块,按船的形状有顺序和规律地堆放在一起。考古工作者历尽艰辛,花了几年的时间才把这些零件组装成船。

这条船船身细长,头尾高翘,有甲板室,长43米。船壳采取纵向缝合的方式,然后用铜箍加固,再用防水剂抹缝。船上使用的桨,酷似我国的梭镖,一点也不像我国江河里的木船使用的桨。

胡夫是埃及第四王朝的法老,距今已4600年。从胡夫陵墓的船冢里发掘出来的这条船,是世界上最古老的船。由于船冢密封良好,古船出土时不但没有腐烂,甚至能闻到木料的芳香。

20世纪60年代,埃及在金字塔下建立了古船博物馆,将其置于密封的透明陈列室内。

然而,这条古船当时到底有什么用途呢?学者们众说纷纭,莫衷一是。为了提示其中的奥秘,为了研究古船与古埃及的历史和文化,埃及考古组织决定在美国《国家地理》杂志的帮助下,于1985年发掘第二个坑。

这次发现了又一条三桅帆船,也是拆卸成许多船板或零件,按船形有条不紊地堆放在一起的。

在船冢墓室的西头,地上有一些木板、铜箍和从顶盖掉下来的抹缝的灰泥。

第二个船冢中的古船,经对比研究,发现它跟从第一个船冢出土的古船极其相似。

人们最感兴趣的是这两条船的用途。

多数学者认为,这两条船是姊妹船,都是灵船。胡夫死后,一条船载石棺,一条船载内棺和尸体,一前一后,向金字塔脚下的一座庙宇驶去。运到后,尸体和棺材被抬上岸,沿专门修建的道路抬进庙里。一生叱咤风云、享受荣华富贵的君王,便在这儿的地下安葬。

然而这用得了偌大的两条船吗?因此,有人认为,这是胡夫生前朝圣用的两条船:一条船去开罗上游的圣城,一条船去开罗下游的圣城。然而,持这种看法的学者专家,完全是猜测,也拿不出什么证据。因此又有人认为,这是埃及法老胡夫的亡灵乘坐的日月之舟。据埃及的一个古老传说,太阳神乘着一只小舟,在天海向西航行,黄昏时为天神所吞食,可是到黎明时又获得新生。法老跟太阳神有关。他死后便乘船升天，在天海乘太阳船西行，到晚上便换乘月亮船。

还有人持另外的见解。在胡夫时代，尼罗河平原上河流纵横，船是一种极其重要的交通工具。迄今发现的许多墓室壁画上面都有这样或那样的船。古埃及人还乘船在沼泽地或芦苇荡打猎。古埃及人也造海船，跟地中海的其他国家进行海上贸易。船冢里埋的这两条船，便是供胡夫死后用的。可是，为什么这两条船都拆卸成一块一块的呢？真叫人困惑不解。

关于胡夫金字塔旁两条三桅帆船的真正用途和埋藏方式，学者专家们仍众说纷纭。也许将来的发掘和研究能揭开这个谜，也许它永远笼罩在神秘的色彩里。

不可思议的石球

1930 年夏天，一群伐木工人在位于美洲南部的哥斯达黎加共和国台克斯河地区一片原始森林旁的沼泽地，偶然发现许多奇特的石球，这些石球大小不一，大的直径达 2.4 米，重达 16 吨，小的只有几千克重。总共有数百个，每个球面都异常光滑，清亮见影，上面雕刻着一些绮丽多姿

的图案，直线、斜线、三角形、圆形、正方形等相互交织成几何图形。这些石球不拘大小，球面曲率处处一样，如果不精密测量，就无法知道其误差。尤其有趣而令人惊奇的是，如果在明月高照的夜晚到此石球群中一游，你会感觉到自己好像置身于一个美妙的神话世界：柔和的月光，投射在石球上，闪闪发光，每个石球好像天空中的一颗星子，数百个石球宛如另一星系的大小星宿，景色如画，蔚为奇观。

这一发现，轰动了全世界考古学界，很多国家纷纷派出考古队深入这一带密林深处，进行考察。美国哈佛大学博物馆著名考古学家穆维勒·罗斯卢卜教授率领的考察队，在马尔苏尔地区又发现许多巨型石球，后来另一些考古工作者在台克斯河地区的古代墓穴中，也发现许多大小不同的石球。

多年来，很多考古学家借助各种现代科学手段，对这些石球反复进行测察、化验和分析、考证，最后大家一致肯定：这些石球都不是天然形成的，是人工凿成的。但究竟是何人在何时凿成的？对此看法不一。在哥斯达黎加的古代历史上，从未有关于石球的任何记述，西班牙殖民主义者于公元 16 世纪侵入哥斯达黎加时，也

哥斯达黎加石球

从未听说过石球的奇闻。这一片默默无闻的原始丛林，已有 1000 多年荒无人迹了。据一些科学家推测，这些石球大约是在距今 1200 年至 1700 年前制成的，但一些学者认为此时间不一定准确，可能还会更早，在 2000 多年前。要凿成这样精美的石球，必须用十分锋利的铁凿或钢刀，精工雕刻，技巧高超，才能雕凿出如此结构严谨、布局和谐的绚丽图案。可是，据史籍记载，当时还处于原始社会，技艺水平还极端低下，只有石器工具，哪里来的铁凿或钢刀呢？

石球是用花岗岩石雕凿成的，可是，当地并没有花岗岩石。据穆维勒·罗斯卢卜教授考证："石料可能是从很远的地方运来，或来自距此地

几千米的一座小山，也有可能是从距此地 48 千米迪卡维斯河上游船运此地。"直径 2.4 米的石球，重达 16 吨，当时根本没有火车、汽车、拖拉机、起重机之类的交通运输工具，只靠人力或畜力怎能搬运呢？如果真的是穆维勒·罗斯卢卜教授所推测的那样"从河里用船运来的"，如此重的石球光靠人力怎能推上船呢？再者，1000～2000 年前的原始人能制造成大船吗？

当地古人为什么要雕制这些石球？这些石球有何用处？许多学者提出了种种猜测，各持一说。哥斯达黎加国家博物馆馆长卢维斯·迪亚古·古米兹博士认为，当地远古居民很早就产生了较复杂的宗教观念，由于他们当时对太阳、月亮、星子等自然现象不理解，因而把它们当作威力无穷的神灵而加以崇拜，这些石球就是他们雕刻的太阳神、月亮神和其他星神的雕像。但其他一些学者认为，当地远古居民以为灵魂可以与人的肉体分离而独立地游荡，人死了被埋葬后，灵魂并没有消失，他们在所谓灵魂不灭观念的支配下，雕刻石球作坟墓的标志或象征，以为人死后灵魂寓于石球之内。另一些学者却认为，石球是当地远古居民为了显示圆形的美观而制作的。以上各种说法，都缺乏确实

有力的证据，只是各人的主观臆猜，直至今天，谁也无法弄清石球的真相，不能作出准确的解释。世界上著名的考古学家穆维勒·罗斯卢卜教授感慨地说道："一生中，我第一次见到了一个不可思议的现象。"

悬棺之谜

中国悬棺

据有关学者专家考证，目前在我国云贵川等省的山区中发现了上百只悬棺。这种奇特葬俗的神秘性，使许多人对它产生了兴趣。人们迫切想知道，古人们为何要把棺木悬于绝壁之上，这些棺木究竟有多少岁月了，而最令人不解的是，在古代，人们是怎么将这些悬棺安到悬崖峭壁上去的呢？

1980 年，四川大学历史系的师生为了揭开悬棺的秘密，在大宁河荆竹坎，采用木梯接木梯的方式取下了一具悬棺。在其中他们发现了两具尸骨，均为 10 多岁的男孩和女孩，随葬物有铜带钩两件，均属西汉之物。此后随着考察的不断展开和参考六七十年代的考察结果，悬棺的千古之谜初露端倪，它的时间上起商周下至明清，历史可谓久矣。关于悬棺之所以被放至高处的原因也基本被考证出来。在大宁河地区的少数民族中即有悬棺葬的习俗，此外，古代武夷山地区的越人，西南地区云南的僚人与四川的少数民族也都有此葬俗。专家们认为，这些民族由于长期居住在山水间，依山傍水的自然环境决定了他们的生活环境与生活习性，而这种环境和习性使他们对山水产生无比崇尚和依恋的感情，以至他们死后都要葬在靠山临水的位置，悬棺有时也被称为"船棺"，这是因为棺形也有成船形的，这表明亡灵对山水的依恋与寄托之情。同时，由于这种民众观念的广泛影响，在当时高挂棺木的风气广为流传。

这些悬棺又是怎么挂上那万仞峭壁的呢？难道真只要自"山上悬索"

即可吗？一些专家曾经推断，悬索下枢可以解决千斤之物如何挂上悬崖的问题。1973 年公安部门曾侦破了一起盗悬棺案。两名盗贼事后供认，他们中一人先悬梯而下至洞穴，再设法在岩壁上开辟一条栈道，随后即可盗棺而出了。这一方法启发了科学工作者。他们认为越人等那些盛行悬棺的少数民族必然反其道而行。先觅到安葬洞口，而后在洞口前架设数十米长的栈道。棺木在峰顶就地制成，装殓死者后吊坠而下至洞口，再由人推进洞去。但这种方法只适于如武夷山区那种古藤丛生，便于攀岩附壁的悬崖。而如川西等地区，由地表断层形成的千仞绝壁上往往很少有可攀附的古藤和石坎儿。因此有学者认为悬棺可能是自上而下吊置的。1980 年大宁河悬棺棺盖头部有一道明显的绳勒痕迹，宽约 3 厘米，持此论者因此推证，当时人们可能借助了某种最原始的机械完成悬棺之举。但人们至今不能断定古人是用什么简陋的机械将悬棺升至几百米高的洞穴的。

还有一些学者则认为，悬棺也有可能是通过修栈道运到悬崖上的洞穴中的。他们推断古人可能就像今天造房子搭架子那样沿着悬崖向上搭，当搭到洞穴口时便可将棺一层层递上来，直至送入洞中，或者也可由山顶搭栈道向下直至洞口。但这种"栈道"之说的漏洞在于，一般来说悬崖处很少有缓坡可供搭设栈道，而由上而下搭架子是否能搭到数百米，特别是在工程技术还极其落后的古代少数民族地区，还是个谜。

此外关于悬棺的方法的猜测还有很多，有"洪水说"、"隧道说"，甚至还有"天外来客说"等等。

悬棺作为古越文化的一个象征，始终吸引着许多民族学家和考古学家。从中国的西南、南部一直延伸到太平洋西部群岛和大洋洲，都存在这种奇特的葬俗。如果把这作为越文化的迁徙分化的产物，那么将意味着上述地曾是古越民族的文化传播地，这也将给东南亚及西太平洋地区各民族的文化血缘与族类别带来新的课题。悬棺高悬在云雾缭绕的绝壁之上，充满着永恒的神秘色彩，它作为文化发展史中的一个奇迹将永远被人们所思索和铭记。

黄金隧道与黄金国

据古代传说，在南美洲的地下，有一条长达千里的"黄金隧道"。沿着这条隧道向前迈进，就可以到达"黄金国"。"黄金国"里埋藏着大量黄金，国王和贵族所戴的帽子和衣服上，都装饰着黄金，许多宏大的公共建筑物用巨大的金块砌成拱门，装饰着精美的浮雕，显得极为豪华，甚至连国王的马鞍、拴马桩、狗项圈等，也都是用大块的黄金做的。"黄金国"究竟在哪里？众说纷纭，有的说它在迤逦的安第斯山中，四周山岭绵延，层峦叠嶂，全国臣民把太阳当作最早神灵而顶礼膜拜，每当旭日初升，晨曦普照，或在夕阳西下，红霞染映，"黄金国"显得分外妖娆；也有人说，"黄金国"是在海拔 2700 米、由死火山口形成的"哥亚达比达"湖畔，每年定期举行祭祀"黄金神"的仪式，国王与贵族把许多黄金饰物作为供奉神灵的礼品而投入湖中，宗教的狂热使他们如痴似醉，有时抬着骆马投入湖中，作为敬献给神灵的活祭品；有人说，"黄金国"在一个名字叫巴里马的"黄金"湖畔；有的却认为，"黄金国"隐藏在奥里诺斯河与亚马逊河之间的某一地区……关于"黄金隧道"与"黄金国"的传说还有许许多多，在民间广泛流传，越传越神奇，但谁也无法准确地说出它的具体地点和真实情况。

从公元 15 世纪以来，由于西欧各国商品货币经济的发展和资本主义关系的萌芽，金属货币成为普遍的支付手段，这就引起欧洲的商人和封建主对于黄金的强烈渴求。关于南美洲有"黄金隧道"和"黄金国"的传说在欧洲广泛传播后，西欧社会上自国王、僧侣、大贵族，下至中小贵族，尤其是商人和海盗，都渴望到南美洲寻找"黄金隧道"与"黄金国"，于是掀起了一股"黄金热"的狂潮。恩格斯在《论封建制度的瓦解和民族国家的产生》中指出："'黄金'一词是驱使西班牙人横渡大西洋到美洲去的咒语；黄金是白人刚踏上一个新发现的海岸时所要的第一件东西。"

1536 年，西班牙总督授命凯萨率领一支由 900 多人组成的探险队，在南美洲的西北部进行考察达 3 年多之久，他们曾经深入到科迪勒拉山脉和马格达雷那河一带的深山密林中探索黄金，结果只剩下凯萨一人返回，没有发现"黄金隧道"与"黄金国"的一丝一毫踪迹。凯萨不死心，27 年后，他又重新组织一支 2800 多人的庞大探险队，从海拔 2645 米的波哥大出发，在荒山野岭度过了 3 年多，最后仍然一无所获。

1539 年，西班牙探险家率领一支庞大的探险队在南美洲北端进行考察，他们曾经深入到梅里达山脉和马拉开波湖区周围的沼泽地，他们宣称他们所到达的"马卡多亚"就是传说中的"黄金国"。可是，事实的真相是："马卡多亚"只是一个古老部族的聚居地，根本不是"黄金国"。

1541年，一支由310个西班牙人和4000个印第安人组成的探险队，深入原始森林地区。从此以后，许多支探险队在从安第斯高地至委内瑞拉和巴林的广大森林地区大规模地开展寻找"黄金隧道"与"黄金国"的活动，结果都毫无所获，失败而归。

1595年，英格兰探险家洛津率领一支探险队，以东南部圭亚那高原作为探索"黄金隧道"与"黄金国"的中心地带，他们深入到奥里诺科河谷和热带草原，考察过埃塞奎博河、德梅拉拉河、伯比斯河和著名的鲁普努尼草原。探险结束后，他在他所撰写的《圭亚那帝国的发现》一书中宣称，他曾经发现过一个名叫"马洛亚"的"黄金国"，他这样描述这个"黄金国"的情景："圭亚那帝国比秘鲁更靠近海，而在正东的赤道上出产黄金比秘鲁的任何地点都要丰富，具有与秘鲁最繁荣时相同数目或更多的大城市。那个帝国根据同秘鲁同样的法律来统治，皇帝和臣下一起信仰同一种宗教。定名为'马洛亚'的'黄金国'，亦即是圭亚那国的首都，我确信那个帝都的雄伟、富裕、皇宫

的壮丽为世界之冠。都城建在与加勒比海相等长度（约1000千米）的咸水湖畔……皇帝的用具包括桌、厨具等全是金银制品，就是最下等的物件也为了获得强度和耐久性而用银铜制作。在皇帝的寝宫内，有巨大的黄金人像，以及模拟地球上生长的一切飞禽走兽、游鱼潜鲸、花草树木等同样大小的黄金模型。此外，还有黄金制的绳束、笔箱子以及用类似树木的黄金棒束架起来做成的篝火……"但是后人大都认为这些描述纯属凭空捏造，没有史实根据，不可相信。因此，洛律在《圭亚那帝国的发现》一书中所描写的"黄金国"，也根本不是古代传说中的"黄金国"。

但在公元16~18世纪，欧洲一些人却对洛律《圭亚那帝国的发现》一书中所描写的"黄金国"——马洛亚帝都深信不疑。1599年，他们在绘制的"黄金圭亚那的新地图"上，竟然画着巴里马"黄金湖"，在湖畔标明了"马洛亚帝都"。后来，甚至把马里马湖标在赤道上，西面是"黄金国"及其帝都马洛亚，而把圭亚那却画在北面。再后来，把巴里马湖错写成"黄金的海"。从当时绘制地图上所表现出来的前后矛盾、混乱和荒唐的情况，可见当时人们根本弄不清"黄金隧道"与"黄金国"究

竟在哪里。

直至现代，还有很多人依然在兴趣勃勃地寻找"黄金隧道"与"黄金国"。在西班牙政府的大力支持和资助下，西班牙探险家曾率领大批民工，由色布卢贝特负责指挥，凿通了巴里马湖，排出了5米多深的水，在湖底污泥中找到了一些有卵石大的绿宝石和黄金制成的精美工艺品。1912年，戈德拿泰兹公司花费了15万美元的巨额经费，雇用大批民工，运用新式排水机器，把位于海拔2700米高原的"哥亚达比达湖"汲干了，从湖底污泥里捞出了一些黄金以及用黄金制成的工艺品和贵族的酬神金俑。1969年，有两个农场工人无意中在一个小山洞里发现了几件纯金的制品：金木筏一件，小金人像一件，金王座一件。这些偶然的发现，更加激起了许多人寻找"黄金隧道"与"黄金国"的浓厚兴趣。他们认为，这些偶然的发现为进一步探寻"黄金隧道"与"黄金国"之谜提供了重要线索和依据。

从1976年以来，考古学家在南美洲曾发现许多重要的远古文化遗址和文物，对今后深入揭开"黄金隧道"和"黄金国"之谜很有参考价值。

羊皮纸上的藏宝密码

拉比斯是18世纪上半叶的法国大海盗，真名叫奥里维尔·勒·瓦瑟，17世纪末生于法国加来。18世纪初期，海盗猖獗于印度洋和东非马达加斯加海域，专门劫掠过往船只。其中最显赫的海盗当数拉比斯船长了。

拉比斯心狠手辣，专门打劫豪华商船和政府"宝船"。1716~1730年，他在印度洋和东非海上横行了14年，共劫夺了5000千克黄金、60万千克白银，还有几百颗钻石及各类珍稀宝贝。其间，在1721年4月，他与英国海盗泰勒沆瀣一气，劫夺了在印度洋波旁岛圣但尼港湾躲避风暴的葡萄牙船只"卡普圣母"号，抢走了船上价值300亿旧法郎的金银珠宝，并把这艘船修饰一番，改名为"胜利者"号。1722年，法国海军将领居埃一特鲁安在波旁岛附近打败了英国海军，控制了印度洋海域，大多数海盗在法国国王的大赦下洗去罪行、改过自新。只有拉比斯等少数海盗隐藏起来窥测时机。

拉比斯工于心计，把劫夺来的金银珍宝分散藏匿于从塞舌尔群岛到马达加斯加海角的印度洋海区，藏好不义之财后，他便把其他藏宝人一个个"打发"到"阴间"去。他向法国政府提出交出财宝的必要条件是对他实行完全赦免。1729 年，他终于被海军搜捕到。经法国特别刑事法庭审判，他犯有海盗罪而被处于绞刑。1730 年 7 月 7 日下午 5 时，拉比斯由行刑队押送着走向断头台，当绞索套到他的脖子上时，他突然向蜂拥围观的人群扔出一卷羊皮纸，并大声吼道："我的财宝属于能读懂它的人！"

拉比斯被绞死后，留下了这卷神秘的羊皮纸，纸上写有一封密码信，画有 17 排古怪稀奇的图样，每个图样代表一个密码，看上去像天书一样晦涩难解，谁能把它破译出来，就能得到那笔巨大的财富。写在羊皮纸上的拉比斯密码如今珍藏于法国国家图书馆里，它的一份影印件在 1949 年落到英国探险家瑞吉纳·古鲁瑟韦金斯手中。这位英国探险家估计拉比斯财宝藏在印度洋上的塞舌尔岛，于是他带上毕生积蓄在塞舌尔岛上呆了整整 28 年，对 17 排图样作孜孜不倦的探索，终于破译了 16 排密码，但对其中的 12 排图样却寻求不到答案，直到他因病去世时也未能解开这个谜底。

除塞舌尔岛外，另外 6 个印度洋岛屿也可能是拉比斯藏宝之地。这 6 个岛屿是：毛里斯岛（又名法兰西岛）、波旁岛、马埃岛、圣玛丽岛、弗里卡特岛及罗德里格岛。这些岛屿都是拉比斯一伙海盗当时常来常往之地。后人根据破译出来的密码在毛里斯岛找到许多宝藏。

法国"寻找藏宝国际俱乐部"掌握另一份与拉比斯藏宝有关的材料，包括一份遗嘱、三封信件及两份说明书，它是掌握拉比斯藏宝秘密的法国海盗贝·德莱斯坦的东西。探宝专家们认为，在德莱斯坦熟知的财宝中有一些便是拉比斯藏宝。德莱斯坦在给他兄弟埃蒂安的信中讲："在印度洋最近的一次战斗中，我们在跟一艘英国大型驱逐舰的较量中，船长受了伤。他在临终之前向我透露了他的秘密，并交给了我找到埋藏在印度洋上巨笔财宝的文件，要我使用这些财宝来武装我们的海盗船只以对付英国人。但是，我对这种漂泊无常的生活已经感到害怕，我宁愿参加正规部队，期望法国安宁，以便取出这些财宝，并返回法国……有三笔财宝，其中埋藏在我亲爱的法兰西岛（即毛里斯岛）上的一笔尤为可观。按照将转交给你的这些文件的指示，你将会找到装满着多布朗（西班牙古金币）和 3000 万根金条的三只大铁桶和坛子，以及一个装满着（印度）维萨布尔和戈尔康达出产的钻石的铜箱。"

德莱斯坦在给他侄儿的信中也说："你来法兰西岛……有一条河流就在这块地方中心不到几法尺远处。财宝就藏在那里。你将会看到，有一个密码图案，它通过奇特的组合会显示出两个缩略字母 B. N. ……由于我在海上遇过难，丧失了许多文件。我已经取出了许多藏宝，仍有四笔财宝以同样的方式被同样的海盗埋藏着。你将通过同时送给你的密码手册解开这些奇特的画迷，找到这批财宝。"20世纪初，有人在法兰西岛发现一块署名卡·布拉吉尔，有奇特指示的大理石石块，寻宝者依据指示又发现一块写有密码的铜板，遗憾的是没人识别得出铜板上的密码，铜板在运输途中又被丢失了！

从1730年绞死拉比斯到现在，探寻拉比斯密码和藏宝的活动始终不断。一个名为"俄丝乌德旅行社"开辟了到塞舌尔岛寻宝的旅游线路，旅费虽贵，但参加者期期爆满。他们不但可以游览风景名胜，而且可以凭借旅行社发给的一份神秘图案的影印件到岛上寻找拉比斯藏宝，创造顷刻间变成百万富翁甚至亿万富的机会。因而这旅游生意怎能不红火呢！所有这一切颇具诱惑力，但要识破第12排拉比斯密码并非易事，还得凭知识、智慧、毅力和运气。